CONSCIÊNCIA FONÊMICA E
ALFABÉTICA

Ediana Richeli

Ciranda Cultural

Dedico esta obra à minha filha Anita e ao meu esposo Roberto Amaral por estarem sempre ao meu lado.

Dados Internacionais de Catalogação na Publicação (CIP) de acordo com ISBD

R528c   Richeli, Ediana

Consciência fonêmica e alfabética / Ediana Richeli ; ilustrado por Estúdio Dois de Nós. – Jandira: Ciranda Cultural, 2025.
112 p. : il. ; 20,1cm x 26,8cm.

ISBN: 978-65-261-2380-5

1. Alfabetização. 2. Letras. 3. Alfabeto. 4. Fonética. I. Estúdio Dois de Nós. II. Título.

2025-1378

CDD 372.41
CDU 372.41

Elaborada por Odilio Hilario Moreira Junior - CRB-8/9949

Índice para catálogo sistemático:
1. Alfabetização 372.41
2. Alfabetização 372.41

© 2025 Ciranda Cultural Editora e Distribuidora Ltda.
Coordenação editorial: Elisângela da Silva
Texto © Ediana Richeli
Ilustrações: Estúdio Dois de Nós
Edição: Daniela Mendes
Revisão: Luciana Garcia e Angela das Neves
Diagramação: Darlene F. Escribano (Cedesign Produção Editorial)
Capa: Imaginare Studio

1ª Edição em 2025
www.cirandacultural.com.br

APRESENTAÇÃO

Olá! Seja bem-vindo(a) ao *Volume 1 – Consciência Fonêmica e Alfabética* da coleção **Neuroalfabetização**.

Com este livro, a criança aprenderá as letras do alfabeto e os sons que elas representam.

Será uma aventura incrível com os amiguinhos Dudu e Edi.

Edi é uma menina autista nível 1 de suporte que supera desafios todos os dias para aprender coisas novas e ajudar crianças no processo de alfabetização no Brasil e no mundo!

Dudu é seu melhor amigo.

Com eles, aprenderemos a maravilhosa habilidade da leitura.

Para isso, é importante que você, adulto, leia as orientações da próxima página. Vamos lá?

Bons estudos!

Ediana Richeli

EDI

DUDU

ORIENTAÇÃO

Adquirimos conhecimento ao longo de toda a nossa existência. Contudo, é durante a infância que vivenciamos o período de maior plasticidade cerebral – ou seja, a capacidade do cérebro de se adaptar e se moldar, ao longo da vida, a novas situações.

É importante compartilhar essa informação porque é essencial que ensinemos as crianças de maneira consciente. Como adultos, é crucial compreendermos o processo de aprendizagem para que possamos mediá-lo de maneira mais eficaz.

Assim, veja algumas orientações a seguir. É fundamental que elas sejam lidas com atenção, de forma a garantir que este livro seja verdadeiramente um canal de novas aprendizagens.

O livro foi meticulosamente elaborado sob a perspectiva da neuroeducação, ou seja, foi desenvolvido com fundamentos científicos da neurociência e da educação. Assim, antes de iniciar cada atividade diária, promova com as crianças uma brincadeira de condicionamento cognitivo ou corporal. Essa prática visa estimular os neurônios para a aprendizagem, otimizar o desempenho da memória de trabalho e promover a eficácia das redes de aprendizagem.

Para que a alfabetização ocorra de maneira tranquila e com bons resultados, é primordial que a criança desenvolva várias habilidades essenciais, como esquema corporal, lateralidade, posição, direção, espaço, tamanho, quantidade, discriminação visual e auditiva, coordenação motora fina, entre outras.

Conforme destacado por Stanislas Dehaene (1965-), neurocientista francês, "Aprender a ler consiste em estabelecer conexões entre dois sistemas cerebrais presentes na criança muito pequena: o sistema visual de reconhecimento das formas e as áreas da linguagem" (2009, p. 213).

Neste livro, iniciaremos o processo de alfabetização da criança, dando início a um ciclo que envolve o reconhecimento de formas e letras e a compreensão da linguagem e dos sons.

ALFABETO

A B C D E F
G H I J K L
M N O P Q R
S T U V W X
Y Z

AS LETRAS EM VERMELHO SÃO AS VOGAIS, E AS PRETAS, AS CONSOANTES. VEJA OS EXEMPLOS:

S A P O

P I P O C A

VAMOS PRONUNCIAR O SOM DA LETRA **A** E CONHECER AS QUATRO FORMAS QUE REPRESENTAM ESSE SOM.

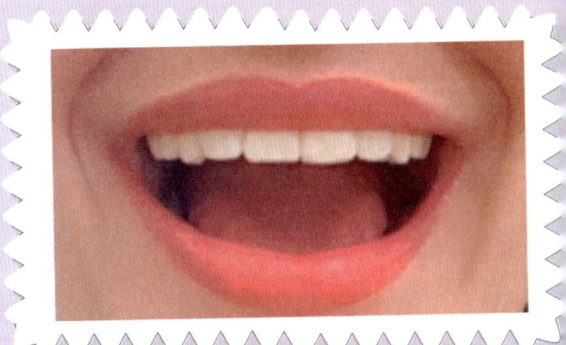

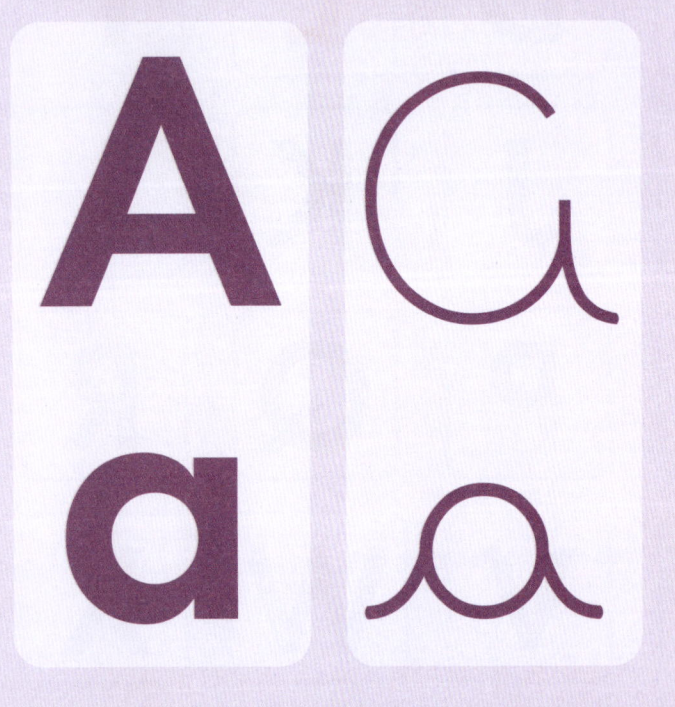

ABELH**A**

ÂNCOR**A**

ESCREVA A LETRA **A** EM CADA QUADRINHO, DE ACORDO COM O MODELO.

A a G a

COLE PAPEL PICADO DENTRO DA LETRA **A**.

A ÁRVORE PRECISA DE ÁGUA
PARA VIVER E CRESCER.

VAMOS TREINAR A LETRA **A**.

A A A A A

A A A A A

A A A A A

PINTE AS FICHAS QUE TÊM O SOM DA LETRA **A**.

ABÓBORA

URUBU

PIRULITO

PIPOCA

MACACO

URSO

PORCO

RELÓGIO

ENCONTRE E CIRCULE AS LETRAS **A** DO QUADRO ABAIXO.

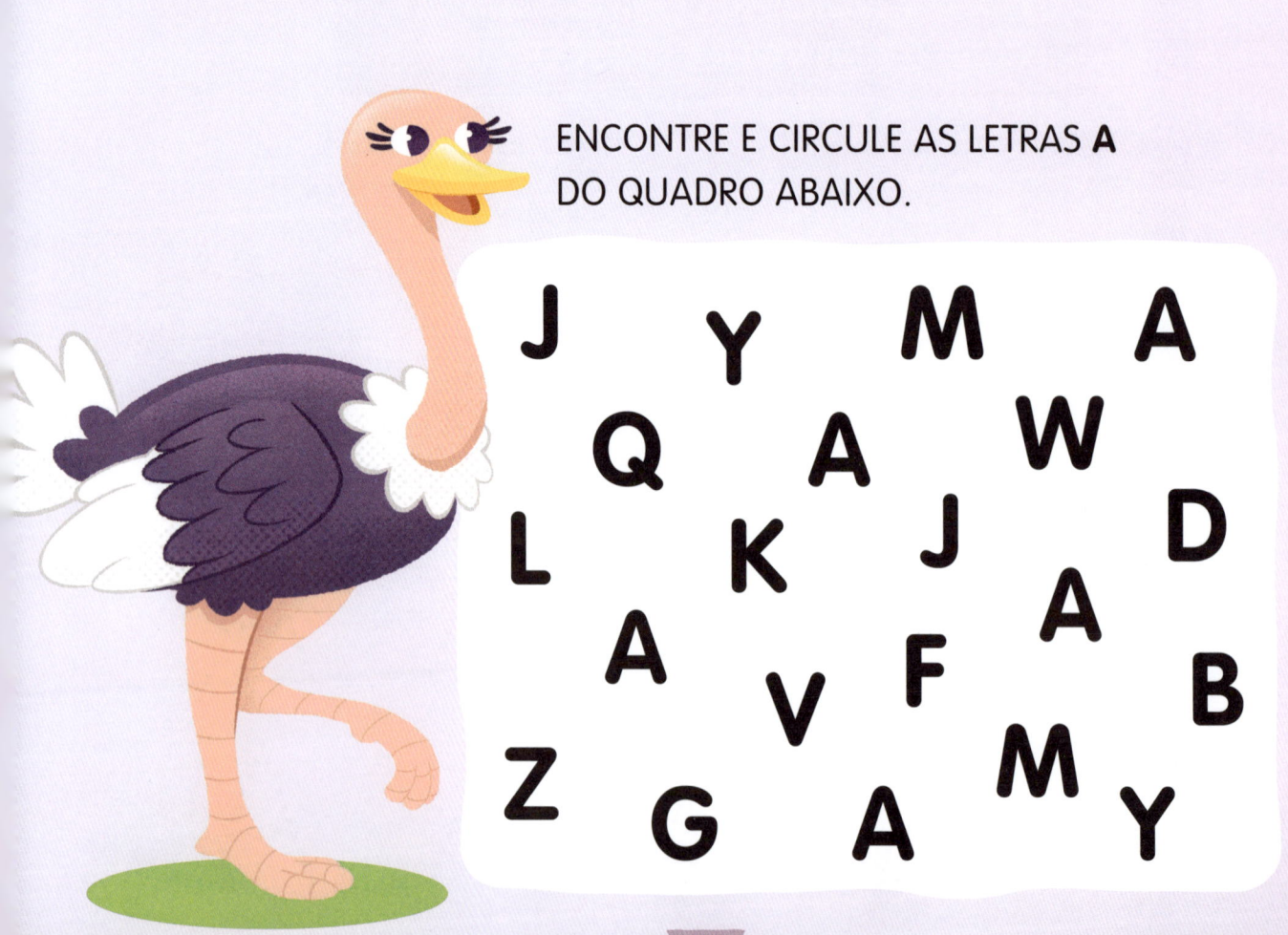

PODEMOS ENCONTRAR O SOM DA LETRA **A** NO INÍCIO, NO MEIO E NO FIM DAS PALAVRAS. VEJA:

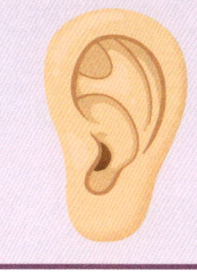

ANEL

PR**A**TO

ORELH**A**

AGORA, COM A AJUDA DE UM ADULTO, COMPLETE OS QUADRINHOS COM A LETRA QUE ESTÁ FALTANDO.

 MEL☐NCI☐

 ☐NCOR☐

 TOM☐TE

 BONEC☐

 ☐VI☐O

VAMOS PRONUNCIAR OS SONS DA LETRA **E** E CONHECER AS QUATRO FORMAS QUE REPRESENTAM ESSES SONS.

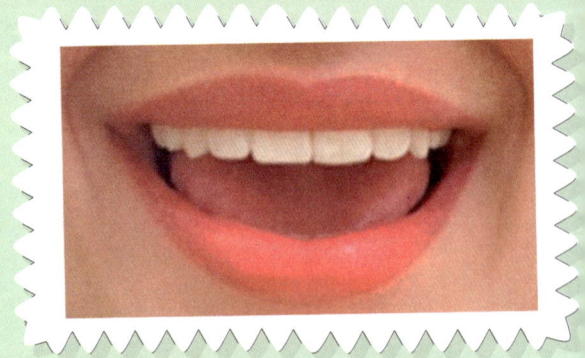

E
e

Ɛ
ℓ

ÉGUA

EL**E**FANT**E**

ESCREVA A LETRA **E** EM CADA QUADRINHO, DE ACORDO COM O MODELO.

E   e   Ɛ   ℓ

COLE PAPEL PICADO DENTRO DA LETRA **E**.

O ELEFANTE É GRANDE, FORTE E PESADO.
ELE VIVE NA SAVANA AFRICANA.

VAMOS TREINAR A LETRA **E**.

E E E E

E E E E

E E E E

AGORA, PRESTE ATENÇÃO NAS FIGURAS ABAIXO E CIRCULE AQUELAS
CUJO NOME COMEÇA COM O SOM DA LETRA **E**.

ENCONTRE E CIRCULE AS LETRAS **E** DO QUADRO ABAIXO.

E Y E A
Q A W
L E J D
L A A
V F B
Z G A T M

PODEMOS ENCONTRAR O SOM DA LETRA **E** NO INÍCIO, NO MEIO E NO FIM DAS PALAVRAS. VEJA:

ESPADA

Z**E**BRA

PRESENT**E**

AGORA, COM A AJUDA DE UM ADULTO, COMPLETE OS QUADRINHOS COM A LETRA QUE ESTÁ FALTANDO.

 M☐LANCIA

 ☐SQUILO

 ☐NV☐LOP☐

 BON☐CA

 TOMAT☐

VAMOS PRONUNCIAR O SOM DA LETRA I E CONHECER AS QUATRO FORMAS QUE REPRESENTAM ESSE SOM.

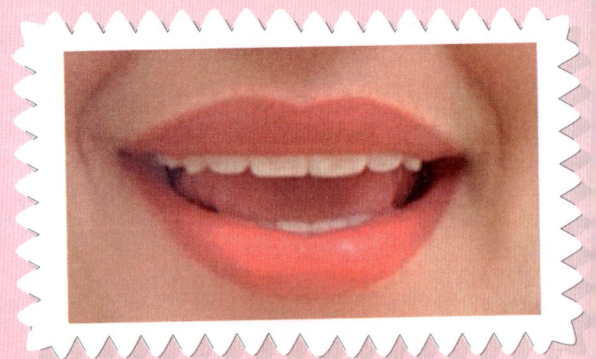

IGUANA

ESCREVA A LETRA I EM CADA QUADRINHO, DE ACORDO COM O MODELO.

COLE PAPEL PICADO DENTRO DA LETRA I.

OS INDÍGENAS FORAM OS PRIMEIROS HABITANTES DO NOSSO PAÍS.

VAMOS TREINAR A LETRA I.

AGORA, PRESTE ATENÇÃO NAS FIGURAS ABAIXO E CIRCULE AQUELAS QUE COMEÇAM COM O SOM DA LETRA I.

ENCONTRE E CIRCULE AS LETRAS I DO QUADRO ABAIXO.

PODEMOS ENCONTRAR O SOM DA LETRA **I** NO INÍCIO, NO MEIO E NO FIM DAS PALAVRAS. VEJA:

IGUANA

TIGRE

QUATI

AGORA, COM A AJUDA DE UM ADULTO, COMPLETE OS QUADRINHOS COM A LETRA QUE ESTÁ FALTANDO.

 **ABACAX**☐

 ☐**GREJ**☐**NHA**

 **MELANC**☐**A**

 **ESQU**☐**LO**

 **GR**☐**LO**

VAMOS PRONUNCIAR O SOM DA LETRA **O** E CONHECER AS QUATRO FORMAS QUE REPRESENTAM ESSE SOM:

 **O**VELHA

 **Ó**CULOS

 **O**NÇA

ESCREVA A LETRA **O** EM CADA QUADRINHO, DE ACORDO COM O MODELO.

COLE UM FIO DE BARBANTE NA LETRA **O**, SEGUINDO TODO O CONTORNO DELA.

OS OVOS TÊM NUTRIENTES ESSENCIAIS PARA NOSSA VIDA. É UM ALIMENTO MUITO SAUDÁVEL.

VAMOS TREINAR A LETRA **O**.

ENCONTRE E CIRCULE APENAS AS FIGURAS CUJO SOM INICIAL
É O DA LETRA **O**.

ENCONTRE TODAS AS LETRAS **O** E CIRCULE-AS.

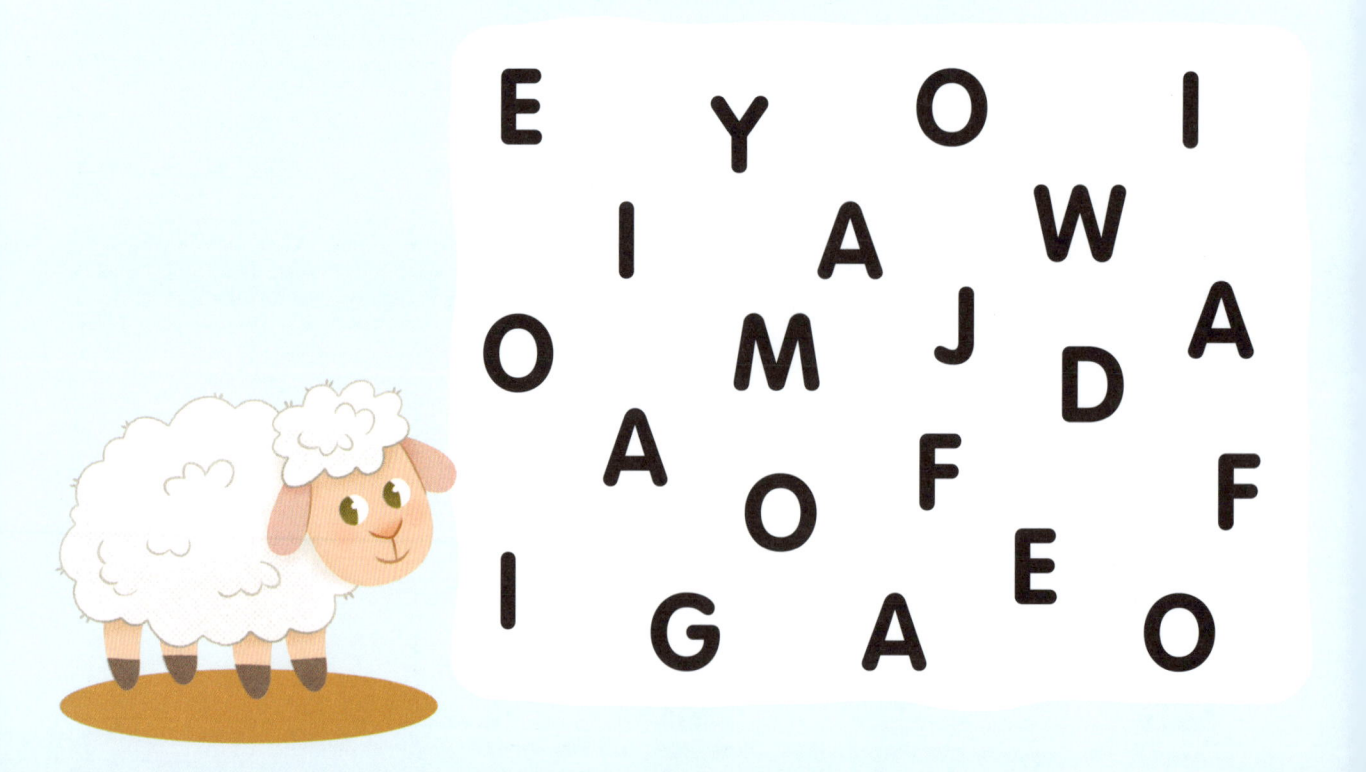

PODEMOS ENCONTRAR O SOM DA LETRA **O** NO INÍCIO, NO MEIO E NO FIM DAS PALAVRAS. VEJA:

 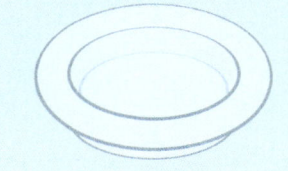 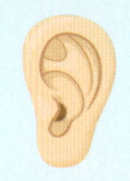

ORNITORRINCO   **PRATO**   **ORELHA**

AGORA, COM A AJUDA DE UM ADULTO, COMPLETE OS QUADRINHOS COM A LETRA QUE ESTÁ FALTANDO.

 ☐LH☐

 ENVEL☐PE

 T☐MATE

 B☐NECA

 ESQUIL☐

VAMOS PRONUNCIAR O SOM DA LETRA **U** E CONHECER AS QUATRO FORMAS QUE REPRESENTAM ESSE SOM.

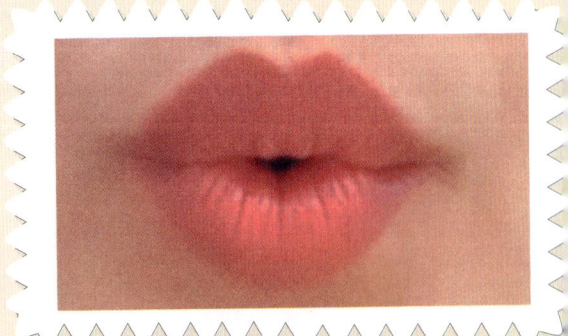

UVA

ESCREVA A LETRA **U** EM CADA QUADRINHO, DE ACORDO COM O MODELO.

COLE UM FIO DE BARBANTE NA LETRA **U**, FAZENDO TODO O SEU CONTORNO.

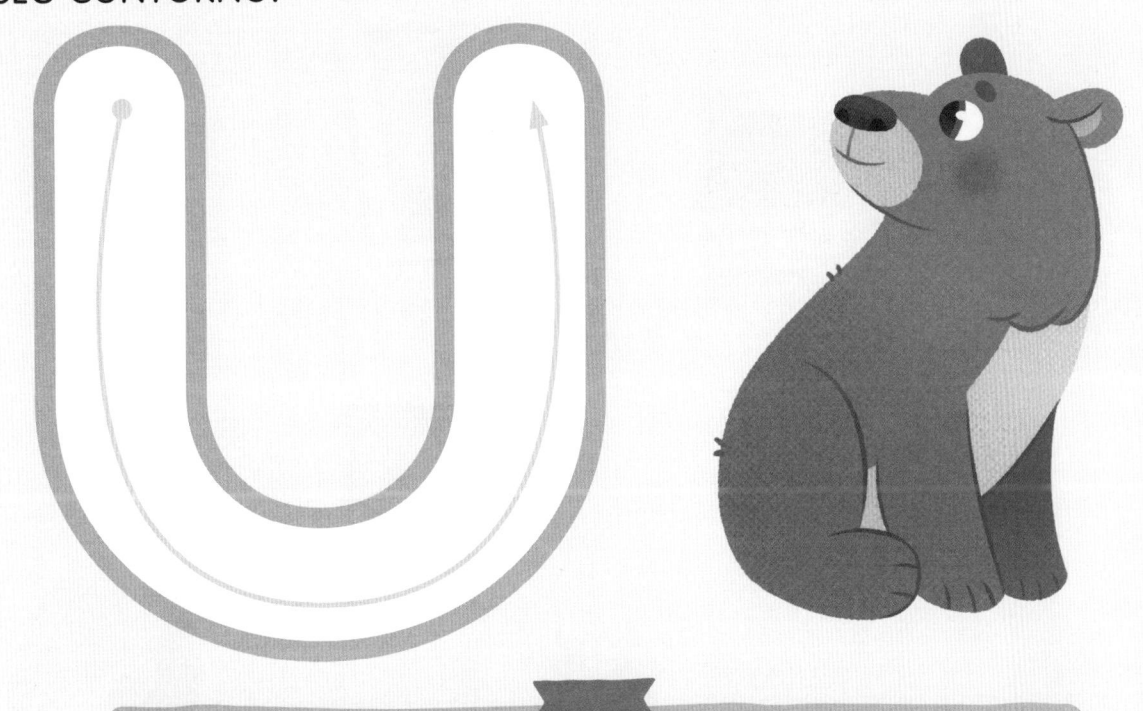

OS URSOS SÃO ANIMAIS FORTES E SELVAGENS. AS UNHAS DELES SÃO GRANDES E PONTIAGUDAS.

VAMOS TREINAR A LETRA **U**.

ENCONTRE E CIRCULE APENAS AS FIGURAS CUJO SOM INICIAL É O DA LETRA **U**.

ENCONTRE E CIRCULE AS LETRAS **U** DO QUADRO ABAIXO.

PODEMOS ENCONTRAR O SOM DA LETRA **U** NO INÍCIO, NO MEIO E NO FIM DAS PALAVRAS. VEJA:

UNHA **URUBU** **TATU**

AGORA, COM A AJUDA DE UM ADULTO, COMPLETE OS QUADRINHOS COM A LETRA QUE ESTÁ FALTANDO.

 J☐J☐BA

 CAJ☐

 BL☐SA

 CANG☐R☐

 ☐MBIGO

CONTORNE AS VOGAIS E CIRCULE A FIGURA QUE TEM O SOM INICIAL CORRESPONDENTE.

VAMOS PRONUNCIAR O SOM DA LETRA **B** E CONHECER AS QUATRO FORMAS QUE REPRESENTAM ESSE SOM.

B b B b

BOI

ESCREVA A LETRA **B** EM CADA QUADRINHO, DE ACORDO COM O MODELO.

B b B b

PINTE A LETRA **B** COM TINTA GUACHE, SEGUINDO TODO O CONTORNO DELA COM A PONTA DO DEDO.

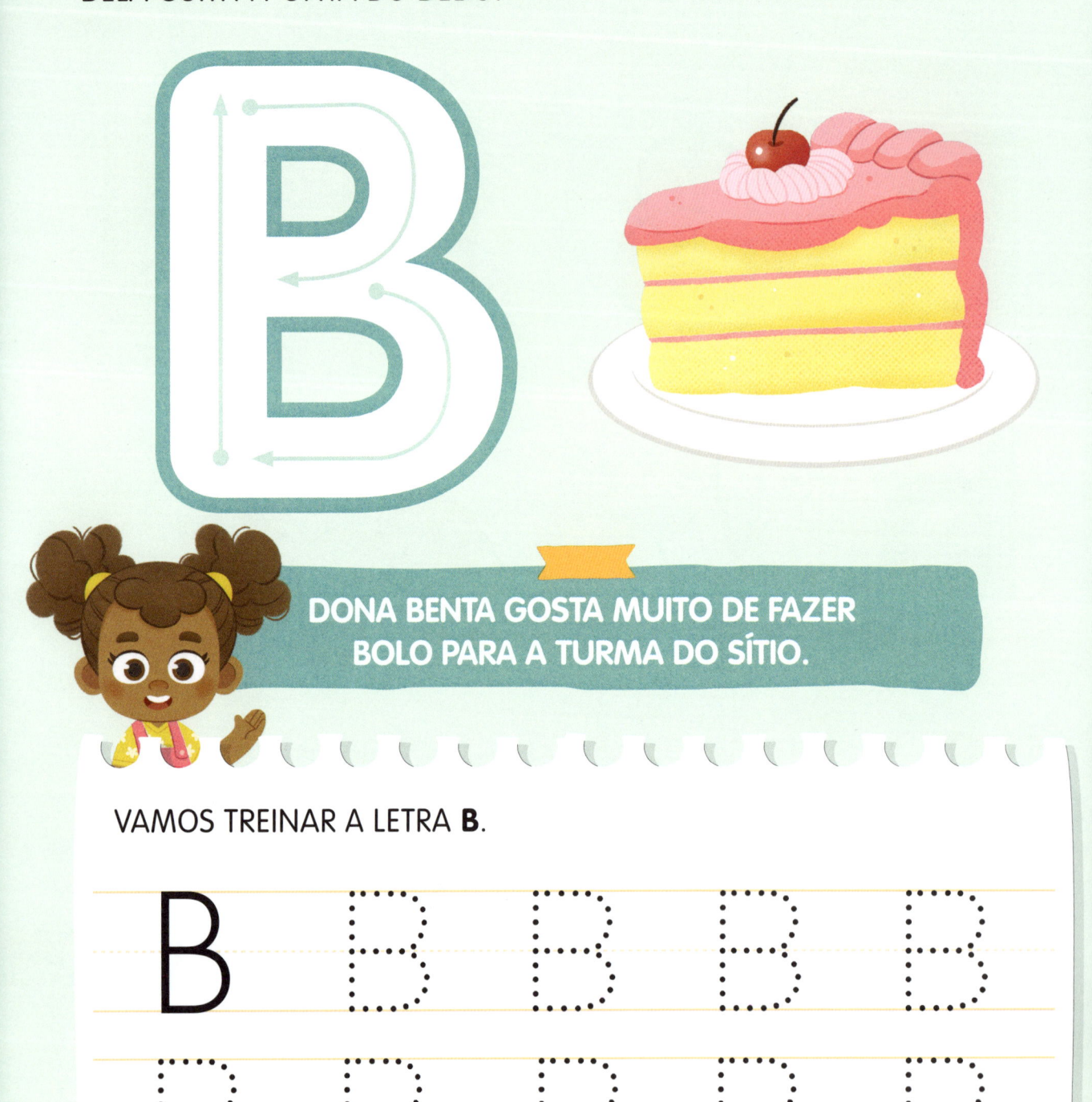

DONA BENTA GOSTA MUITO DE FAZER BOLO PARA A TURMA DO SÍTIO.

VAMOS TREINAR A LETRA **B**.

SOU A LETRA **B**.
VAMOS JUNTAR O MEU SOM
COM O SOM DE CADA VOGAL
E PRONUNCIAR O RESULTADO?

A
E
I
O
U

COMPLETE AS PALAVRAS ABAIXO COM OS SONS.

BA **BE** **BI** **BO** **BU**

 __LA

 __LE

 __FE

 __LA

 __ZINA

 __BÊ

RECORTE OS SONS AO LADO DA PÁGINA E COLE-OS NOS QUADROS ABAIXO, DE MODO QUE FORMEM PALAVRAS.

BU

BO

BI

BE

BA

LA

BÊ

FE

DE

LE

VAMOS PRONUNCIAR OS SONS DA LETRA **C** E CONHECER AS QUATRO FORMAS QUE REPRESENTAM ESSES SONS.

[s]

[k]

CESTO

CASA

ESCREVA A LETRA **C** EM CADA QUADRINHO, DE ACORDO COM O MODELO.

PINTE A LETRA **C** COM TINTA GUACHE, SEGUINDO TODO O CONTORNO DELA COM A PONTA DO DEDO.

O CAMELO É UM ANIMAL RESISTENTE AO CLIMA QUENTE E SECO DO DESERTO.

VAMOS TREINAR A LETRA **C**.

SOU A LETRA **C**.
VAMOS JUNTAR O MEU SOM
COM O SOM DE CADA VOGAL
E PRONUNCIAR O RESULTADO?

A
E
I
O
U

COMPLETE AS PALAVRAS ABAIXO COM OS SONS:

| CA | CE | CI | CO | CU |

 __LA    __SA

 __BOLA    __ELHO

 __NEMA    __BO

RECORTE OS SONS AO LADO DA PÁGINA E COLE-OS NOS QUADROS ABAIXO, DE MODO QUE FORMEM PALAVRAS.

 FO

 GO

  RCO

  PO

  CA

VAMOS PRONUNCIAR O SOM DA LETRA **D** E CONHECER AS QUATRO FORMAS QUE REPRESENTAM ESSE SOM.

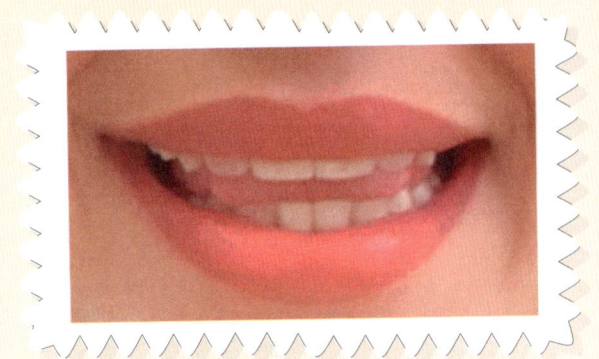

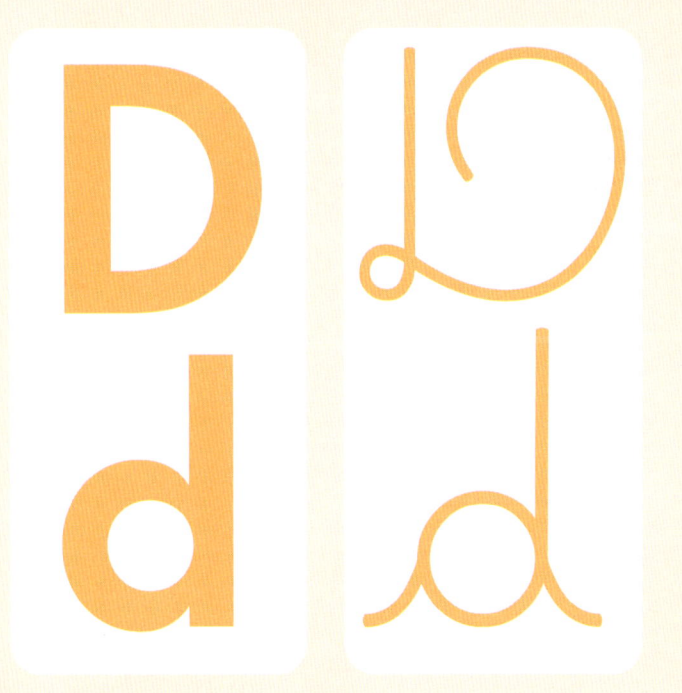

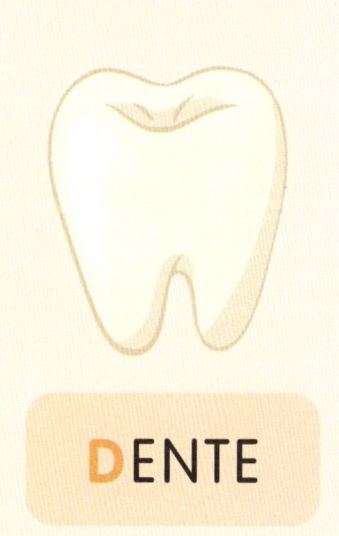

DENTE

ESCREVA A LETRA **D** EM CADA QUADRINHO, DE ACORDO COM O MODELO.

PINTE A LETRA **D** COM TINTA GUACHE, SEGUINDO TODO O CONTORNO DELA COM A PONTA DO DEDO.

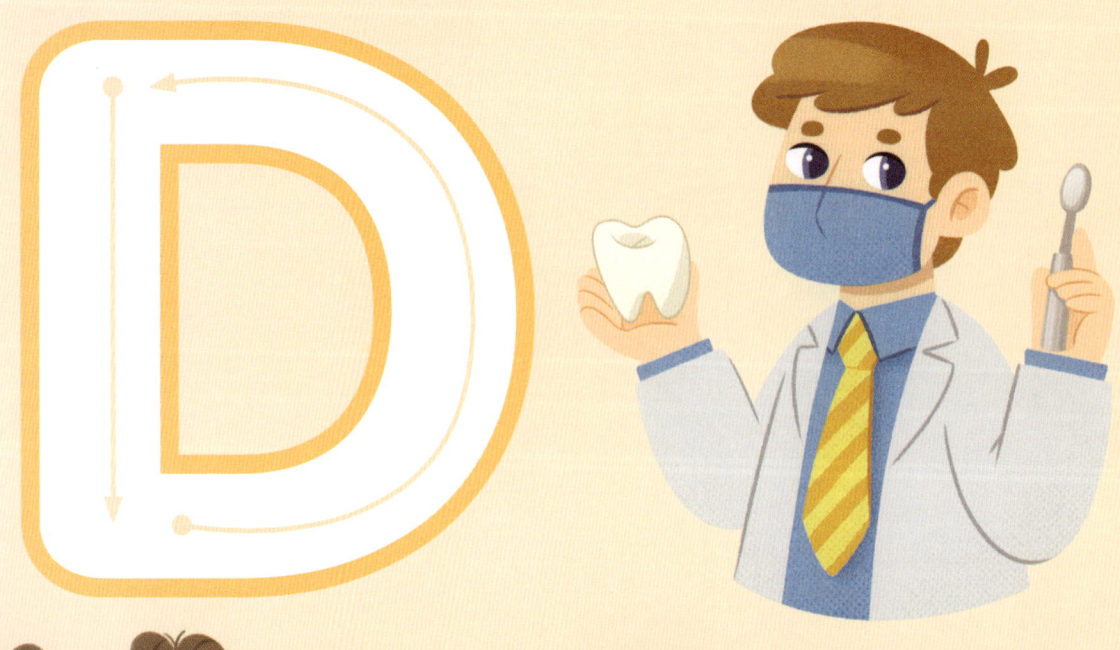

O DENTISTA É O PROFISSIONAL QUE CUIDA DA SAÚDE DOS NOSSOS DENTES.

VAMOS TREINAR A LETRA **D**.

D D D D D D

D D D D D

D D D D D

SOU A LETRA **D**. VAMOS JUNTAR O MEU SOM COM O SOM DE CADA VOGAL E PRONUNCIAR O RESULTADO?

A
E
I
O
U

COMPLETE AS PALAVRAS ABAIXO COM OS SONS:

 DA  DE  DI  DO  DU

 ___DO

 ___DO

 ___AMANTE

 ___NHEIRO

 ___MINÓ

 ___DU

RECORTE OS SONS AO LADO DA PÁGINA E COLE-OS NOS QUADROS ABAIXO, DE MODO QUE FORMEM PALAVRAS.

DU

DO

DI

DE

DA

 **FA** ⬜

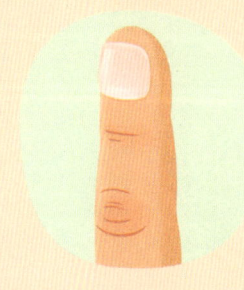 ⬜ **DO**

 ⬜ **A**

 **DA** ⬜

 ⬜ **DU**

VAMOS PRONUNCIAR O SOM DA LETRA **F** E CONHECER AS QUATRO FORMAS QUE REPRESENTAM ESSE SOM.

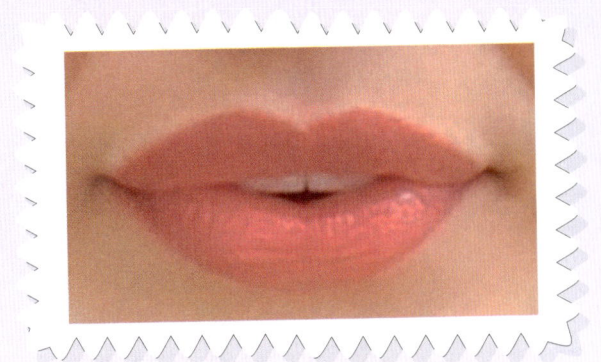

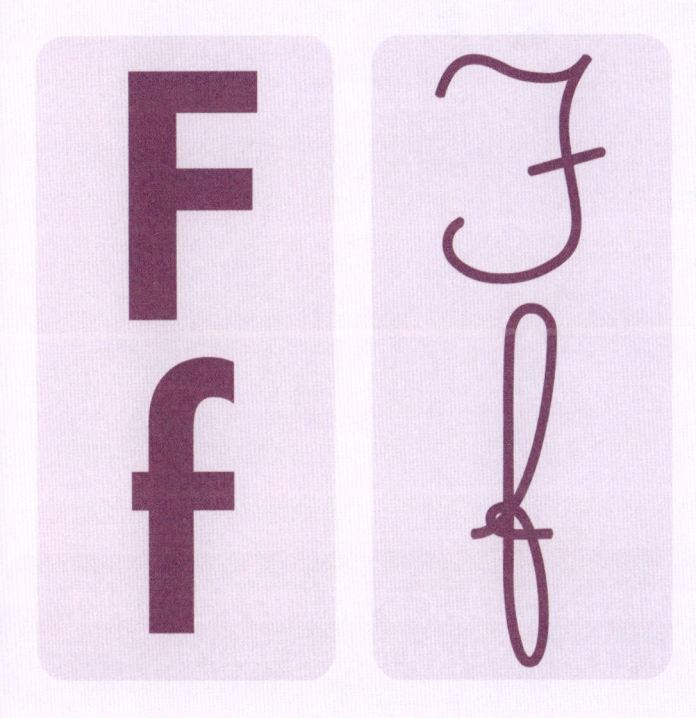

FOLHA

ESCREVA A LETRA **F** EM CADA QUADRINHO, DE ACORDO COM O MODELO.

F   f   𝓕   𝒇

PINTE A LETRA **F** COM TINTA GUACHE, SEGUINDO TODO O CONTORNO DELA COM A PONTA DO DEDO.

A FOCA É UM ANIMAL AQUÁTICO MUITO FOFINHO. ELA GOSTA DE COMER PEQUENOS PEIXES.

VAMOS TREINAR A LETRA **F**.

F F F F F

F F F F F

F F F F F

SOU A LETRA **F**. VAMOS JUNTAR O MEU SOM COM O SOM DE CADA VOGAL E PRONUNCIAR O RESULTADO?

A

E

I

O

U

COMPLETE AS PALAVRAS ABAIXO COM OS SONS:

FA **FE** **FI** **FO** **FU**

 __RINHA

 __CA

 __GO

 __MAÇA

 __GO

 __NO

RECORTE OS SONS AO LADO DA PÁGINA E COLE-OS NOS QUADROS ABAIXO, DE MODO QUE FORMEM PALAVRAS.

DA

LIZ

TA

 GAR

 KUNG

VAMOS PRONUNCIAR OS SONS DA LETRA **G** E CONHECER AS QUATRO FORMAS QUE REPRESENTAM ESSES SONS.

GIRAFA

GATO

ESCREVA A LETRA **G** EM CADA QUADRINHO, DE ACORDO COM O MODELO.

G   g   G   g

PINTE A LETRA **G** COM TINTA GUACHE, SEGUINDO TODO O CONTORNO DELA COM A PONTA DO DEDO.

USAMOS A GELADEIRA PARA GUARDAR ALIMENTOS PERECÍVEIS E PARA MANTÊ-LOS GELADINHOS.

VAMOS TREINAR A LETRA **G**.

SOU A LETRA **G**. VAMOS JUNTAR O MEU SOM COM O SOM DE CADA VOGAL E PRONUNCIAR O RESULTADO?

A

E

I

O

U

COMPLETE AS PALAVRAS ABAIXO COM OS SONS:

GA **GE** **GI** **GO** **GU**

 __TO

 __TA

 __LO

 __DE

 __RAFA

 __LO

RECORTE OS SONS AO LADO DA PÁGINA E COLE-OS NOS QUADROS ABAIXO, DE MODO QUE FORMEM PALAVRAS.

 TO

 LO

Z

 LA

 AN

A LETRA **H** NÃO REPRESENTA NENHUM SOM, MAS APARECE EM ALGUMAS PALAVRAS. VAMOS CONHECER AS QUATRO FORMAS DESSA LETRA.

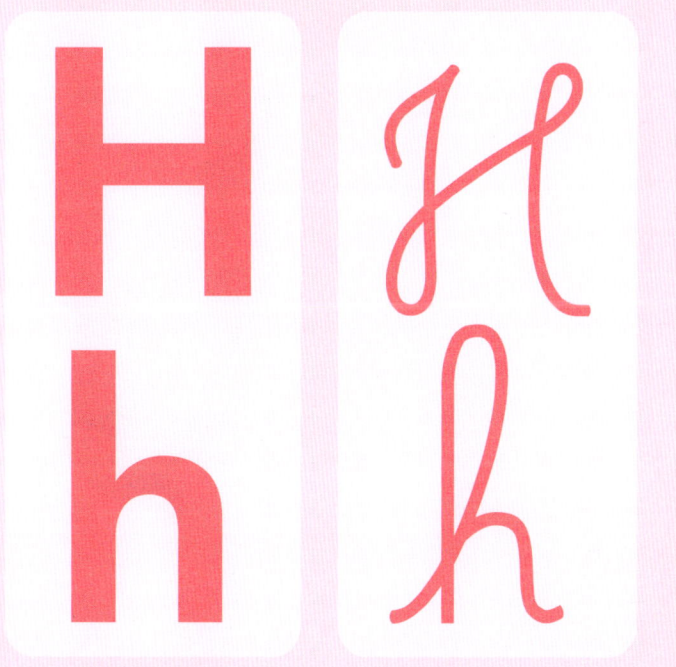

HORTA

ESCREVA A LETRA **H** EM CADA QUADRINHO, DE ACORDO COM O MODELO.

H   h   H   h

PINTE A LETRA **H** COM TINTA GUACHE, SEGUINDO TODO O CONTORNO DELA COM A PONTA DO DEDO.

AS HIENAS SÃO ANIMAIS SELVAGENS QUE VIVEM NA SAVANA AFRICANA E GOSTAM DE ANDAR EM GRUPOS.

VAMOS TREINAR A LETRA **H**.

EU SOU A LETRA **H**.
NÃO REPRESENTO NENHUM SOM,
MAS, EM ALGUMAS PALAVRAS,
ACOMPANHO AS VOGAIS –
AS QUAIS MANTÊM SEU SOM
ORIGINAL. VEJA:

EM PALAVRAS DA
LÍNGUA INGLESA, POR
EXEMPLO, REPRESENTO
O SOM DE RR...

A
E
I
O
U

COMPLETE AS PALAVRAS ABAIXO COM OS SONS:

HA **HÉ** **HI** **HO** **HU**

 __MEM    __ENA

 __LICE    __LK

 __MBÚRGUER

ÀS VEZES, AJUDO OUTRAS CONSOANTES A TER SOM MAIS PROLONGADO E DIFERENTE. GOSTO MUITO DE AJUDAR! VEJA COMO FICAM ALGUMAS PALAVRAS:

CHAPÉU	ESPELHO	ARANHA	NENHUM	VARGINHA
ESTRANHO	CHIFRE	CHIQUE	PASTILHA	CAPRICHO
CHUCHU	FILHO	BANHEIRO	AGULHA	ORELHA

COMPLETE AS PALAVRAS COM A LETRA **H**.

| I | | P | O | P | Ó | T | A | M | O |

| O | R | E | L | | A |

| G | A | L | I | N | | A |

| C | | U | C | | U |

VAMOS PRONUNCIAR O SOM DA LETRA **J** E CONHECER AS QUATRO FORMAS QUE O REPRESENTAM.

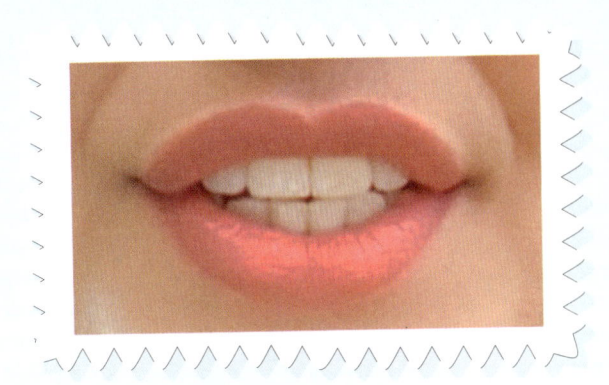

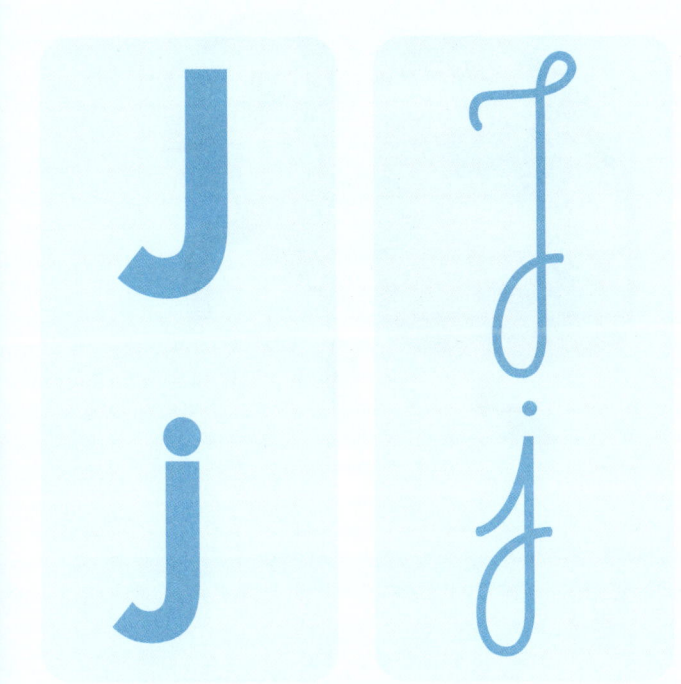

JACARÉ

ESCREVA A LETRA **J** EM CADA QUADRINHO, DE ACORDO COM O MODELO.

J　j　ℐ　j

PINTE A LETRA **J** COM TINTA GUACHE, SEGUINDO TODO O CONTORNO DELA COM A PONTA DO DEDO.

A JOANINHA É UM PEQUENO INSETO QUE MEDE APROXIMADAMENTE MEIO CENTÍMETRO.

VAMOS TREINAR A LETRA **J**.

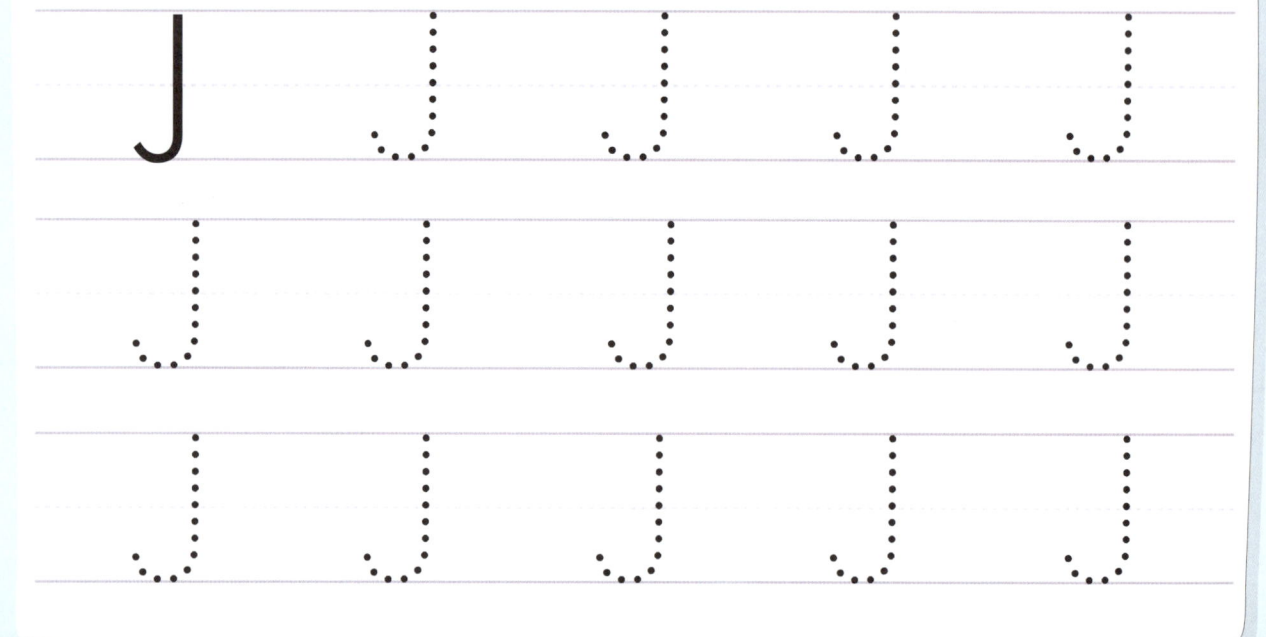

SOU A LETRA **J**. VAMOS JUNTAR O MEU SOM COM O SOM DE CADA VOGAL E PRONUNCIAR O RESULTADO?

A
E
I
O
U

COMPLETE AS PALAVRAS ABAIXO COM OS SONS:

JA   JE   JI   JO   JU

 __NELA    __ANINHA

 __SUS    __JUBA

 __PE    __ULA

RECORTE OS SONS AO LADO DA PÁGINA E COLE-OS NOS QUADROS ABAIXO, DE MODO QUE FORMEM PALAVRAS.

CA

SUS

PE

GO

BA

VAMOS PRONUNCIAR O SOM DA LETRA **K** E CONHECER AS QUATRO FORMAS QUE REPRESENTAM ESSE SOM.

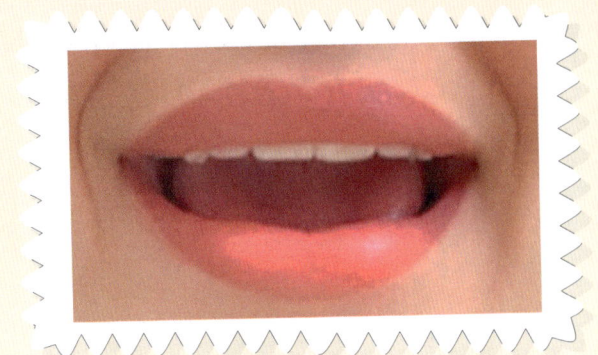

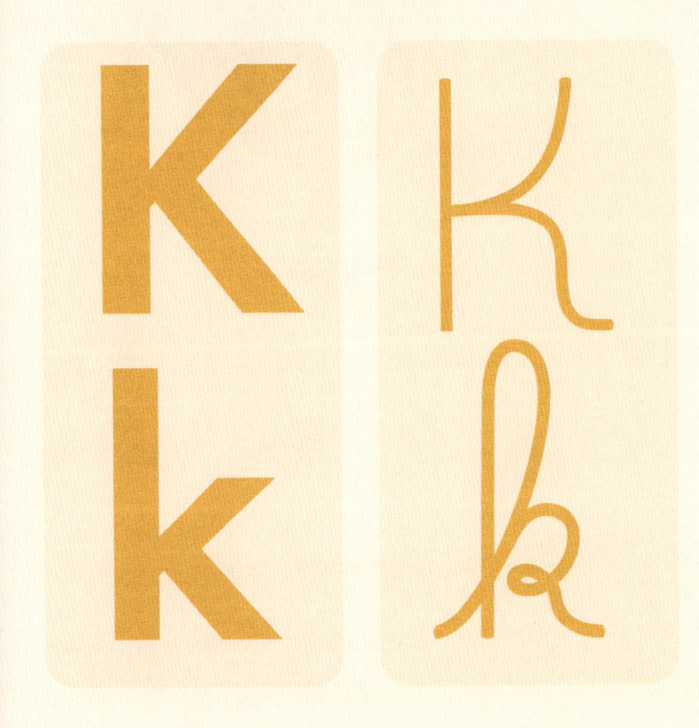

K K
k k

KETCHUP

ESCREVA A LETRA **K** EM CADA QUADRINHO, DE ACORDO COM O MODELO.

K k K k

55

PINTE A LETRA **K** COM TINTA GUACHE, SEGUINDO TODO O CONTORNO DELA COM A PONTA DO DEDO.

O KARATÊ É UMA ARTE MARCIAL JAPONESA E UM MÉTODO DE ATAQUE E DEFESA PESSOAL.

VAMOS TREINAR A LETRA **K**.

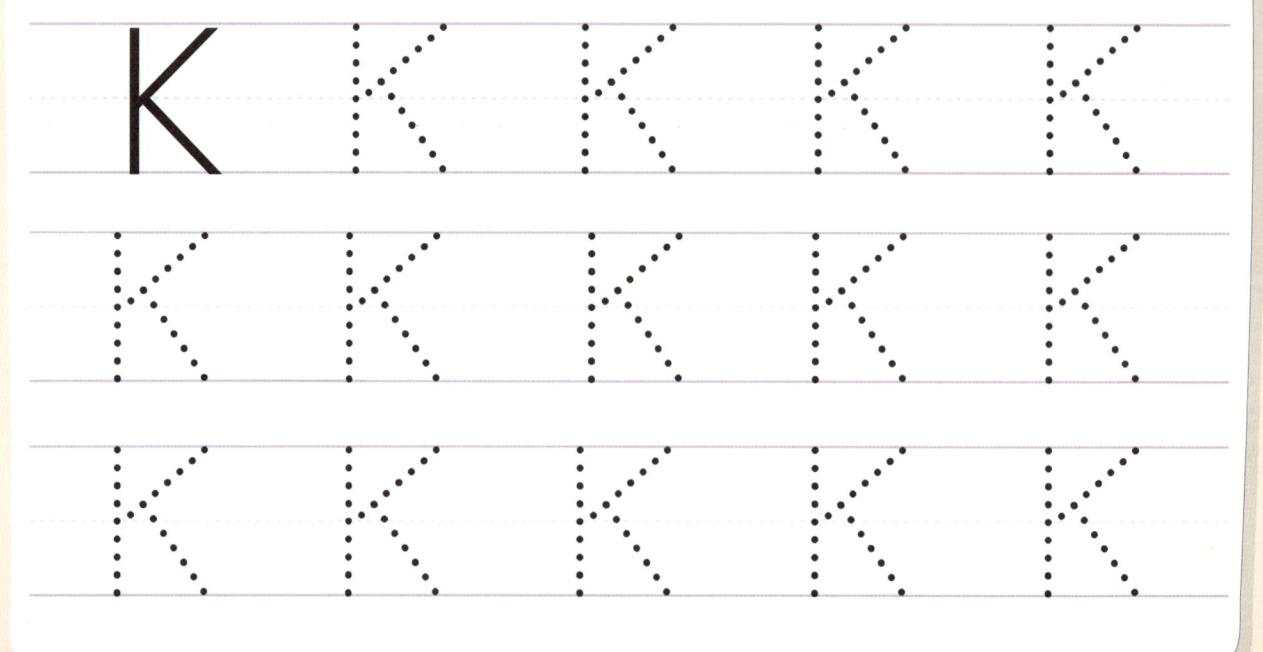

SOU A LETRA **K**.
VAMOS JUNTAR O MEU SOM
COM O SOM DE CADA VOGAL
E PRONUNCIAR O RESULTADO?

A
E
I
O
U

COMPLETE AS PALAVRAS ABAIXO COM OS SONS:

KA **KE** **KI** **KÔ** **KU**

 __RAOKÊ    __NG FU

 __WI    __MBI

 __TCHUP

VAMOS COMPLETAR AS PALAVRAS.

KART	KÔMBI
KART	KOMBI

KIWI	KARATÊ
KIWI	KARATÊ

KIWI: UMA FRUTA SABOROSA E SAUDÁVEL

O KIWI É UMA FRUTA PEQUENA E REDONDA. SUA CASCA É MARROM E CHEIA DE PELINHOS. POR DENTRO, ELA É VERDE E TEM MUITAS SEMENTINHAS PRETAS. O KIWI É MUITO SABOROSO E FAZ BEM PARA A SAÚDE. ELE TEM VITAMINA C, QUE AJUDA A FORTALECER O CORPO. PODEMOS COMER O KIWI PURO OU EM SUCOS E SALADAS DE FRUTAS.

CONTORNE AS LETRAS E LEIA A PALAVRA ABAIXO:

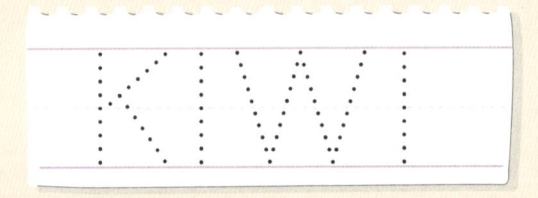

VAMOS PRONUNCIAR O SOM DA LETRA **L** E CONHECER AS QUATRO
FORMAS QUE REPRESENTAM ESSE SOM.

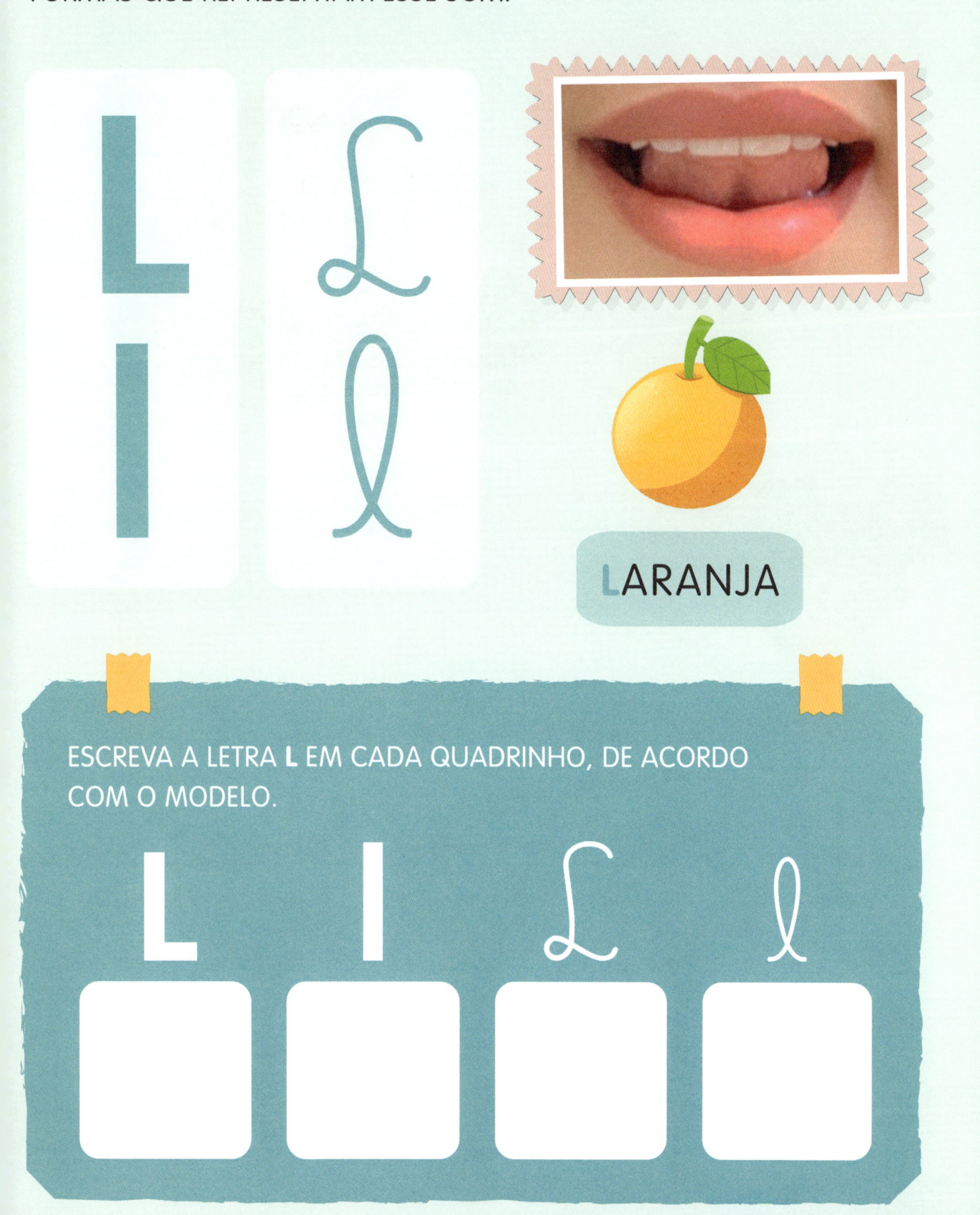

LARANJA

ESCREVA A LETRA **L** EM CADA QUADRINHO, DE ACORDO
COM O MODELO.

PINTE A LETRA **L** COM TINTA GUACHE, SEGUINDO TODO O CONTORNO DELA COM A PONTA DO DEDO.

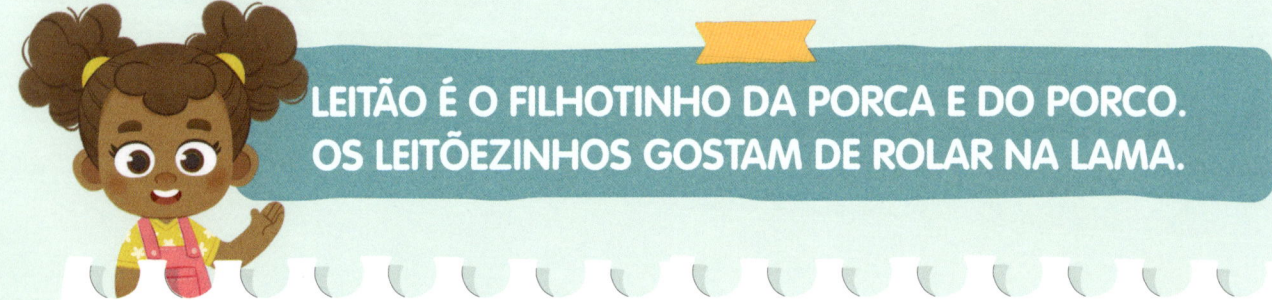

LEITÃO É O FILHOTINHO DA PORCA E DO PORCO. OS LEITÕEZINHOS GOSTAM DE ROLAR NA LAMA.

VAMOS TREINAR A LETRA **L**.

SOU A LETRA **L**.
VAMOS JUNTAR O MEU SOM COM O SOM DE CADA VOGAL E PRONUNCIAR O RESULTADO?

A
E
I
O
U

COMPLETE AS PALAVRAS ABAIXO COM OS SONS:

 **LA**  **LE**  **LI**  **LO**  **LU**

 __TA    __ÃO

 __BO    __VRO

 __VA    __PA

RECORTE OS SONS AO LADO DA PÁGINA E COLE-OS NOS QUADROS ABAIXO, DE MODO QUE FORMEM PALAVRAS.

 TA

 SMA

 VRO

 GA

 PA

VAMOS PRONUNCIAR O SOM DA LETRA **M** E CONHECER AS QUATRO FORMAS QUE REPRESENTAM ESSE SOM.

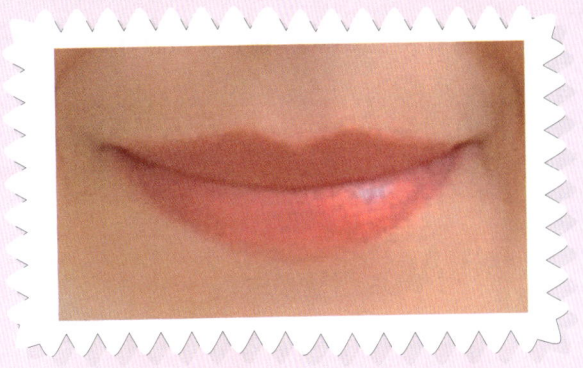

MACACO

ESCREVA A LETRA **M** EM CADA QUADRINHO, DE ACORDO COM O MODELO.

PINTE A LETRA **M** COM TINTA GUACHE, SEGUINDO TODO O CONTORNO DELA COM A PONTA DO DEDO.

A MELANCIA É UMA FRUTA MUITO SAUDÁVEL, VERMELHA POR DENTRO E VERDE POR FORA.

VAMOS TREINAR A LETRA **M**.

SOU A LETRA **M**. VAMOS JUNTAR O MEU SOM COM O SOM DE CADA VOGAL E PRONUNCIAR O RESULTADO?

A
E
I
O
U

COMPLETE AS PALAVRAS ABAIXO COM OS SONS:

 __LA

 __CHILA

 __LANCIA

 __SICA

 __CROFONE

 __SA

RECORTE OS SONS AO LADO DA PÁGINA E COLE-OS NOS QUADROS ABAIXO, DE MODO QUE FORMEM PALAVRAS.

 **TA**

 **DO**

 **LHO**

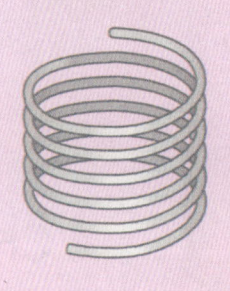 **LA**

 **LA**

VAMOS PRONUNCIAR O SOM DA LETRA **N** E CONHECER AS QUATRO FORMAS QUE REPRESENTAM ESSE SOM.

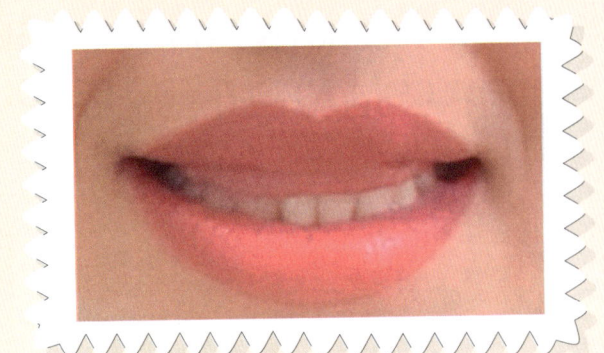

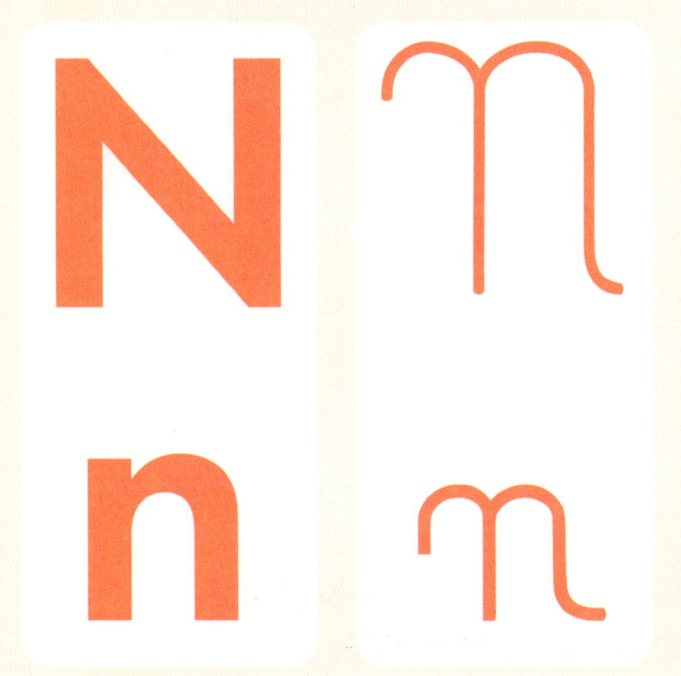

NUVEM

ESCREVA A LETRA **N** EM CADA QUADRINHO, DE ACORDO COM O MODELO.

PINTE A LETRA **N** COM TINTA GUACHE, SEGUINDO TODO O CONTORNO DELA COM A PONTA DO DEDO.

ALGUNS PÁSSAROS FAZEM SEUS NINHOS BEM PRESOS EM ÁRVORES.

VAMOS TREINAR A LETRA **N**.

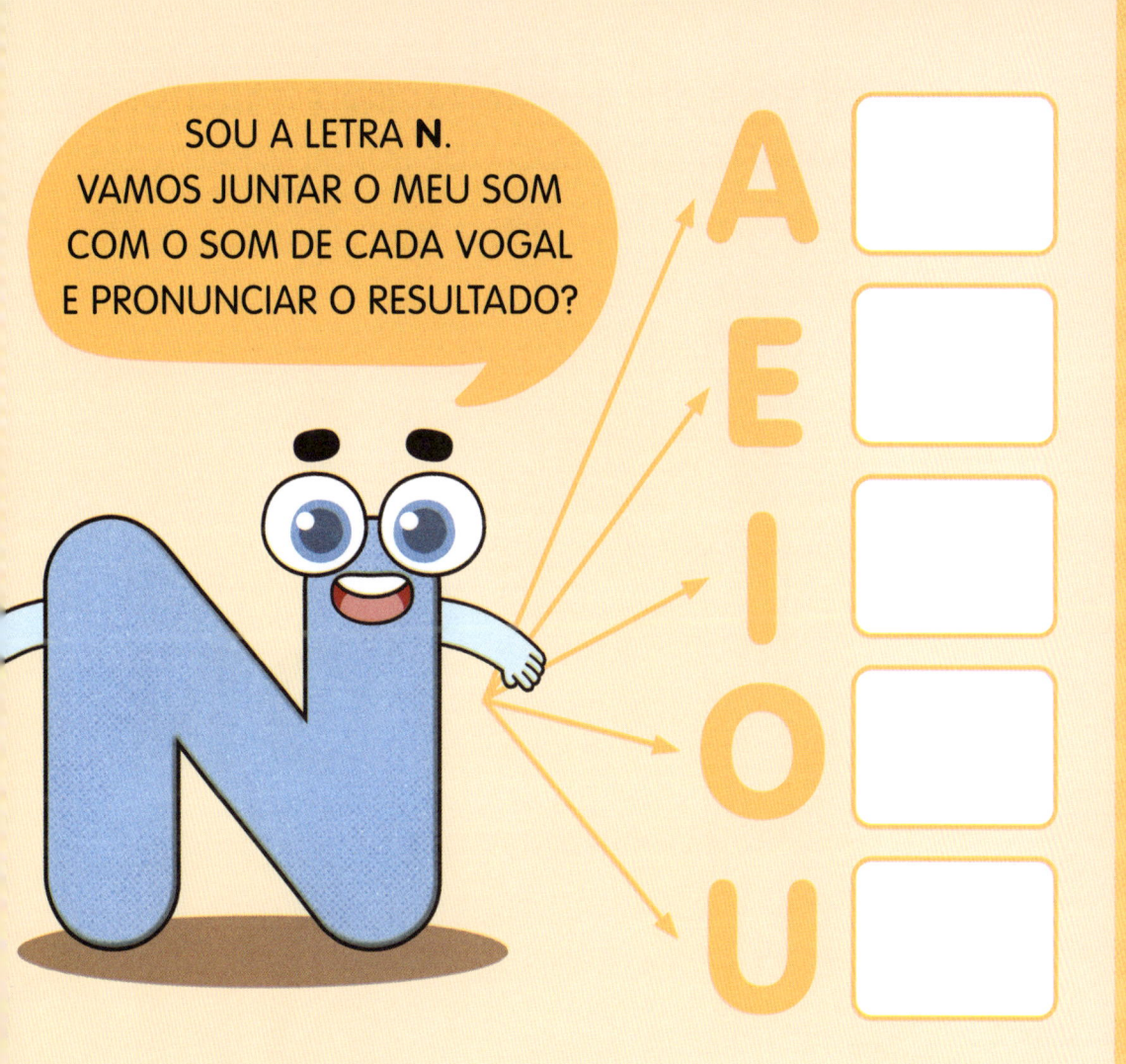

SOU A LETRA **N**. VAMOS JUNTAR O MEU SOM COM O SOM DE CADA VOGAL E PRONUNCIAR O RESULTADO?

A

E

I

O

U

COMPLETE AS PALAVRAS ABAIXO COM OS SONS:

NA **NE** **NI** **NO** **NU**

 __VE

 __VE

 __NHO

 __VELO

 __VEM

RECORTE OS SONS AO LADO DA PÁGINA E COLE-OS NOS QUADROS ABAIXO, DE MODO QUE FORMEM PALAVRAS.

 PE

 ON

 NHO

 VE

 VEM

VAMOS PRONUNCIAR O SOM DA LETRA **P** E CONHECER AS QUATRO FORMAS QUE REPRESENTAM ESSE SOM.

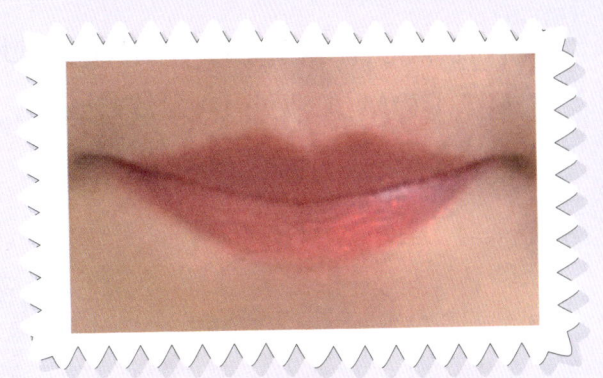

PIPA

ESCREVA A LETRA **P** EM CADA QUADRINHO, DE ACORDO COM O MODELO.

P   p   P   p

PINTE A LETRA **P** COM TINTA GUACHE, SEGUINDO TODO O CONTORNO DELA COM A PONTA DO DEDO.

A MAMÃE PATA GOSTA DE NADAR COM SEUS PATINHOS NA LAGOA.

VAMOS TREINAR A LETRA **P**.

P P P P P P

P P P P P

P P P P P

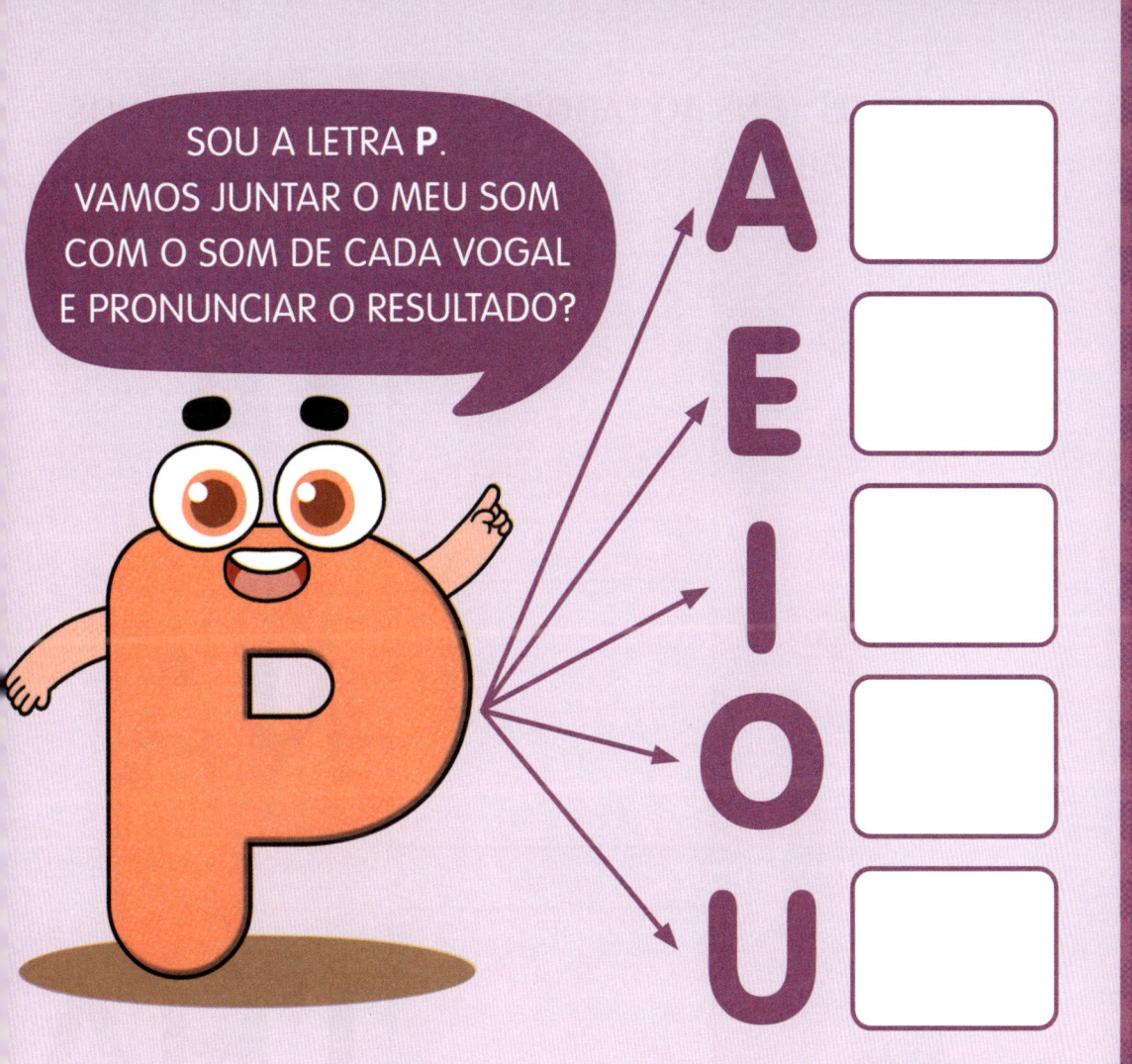

SOU A LETRA **P**. VAMOS JUNTAR O MEU SOM COM O SOM DE CADA VOGAL E PRONUNCIAR O RESULTADO?

A
E
I
O
U

COMPLETE AS PALAVRAS ABAIXO COM OS SONS:

 **PA**  **PE**  **PI**  **PO**  **PU**

 ___NELA    ___POCA

 ___NA    ___DIM

 ___ZZA    ___MADA

RECORTE OS SONS AO LADO DA PÁGINA E COLE-OS NOS QUADROS ABAIXO, DE MODO QUE FORMEM PALAVRAS.

 **TA**

 **NA**

 **LHA**

 **TE**

 **DIM**

VAMOS PRONUNCIAR O SOM DA LETRA **Q** E CONHECER AS QUATRO FORMAS QUE O REPRESENTAM.

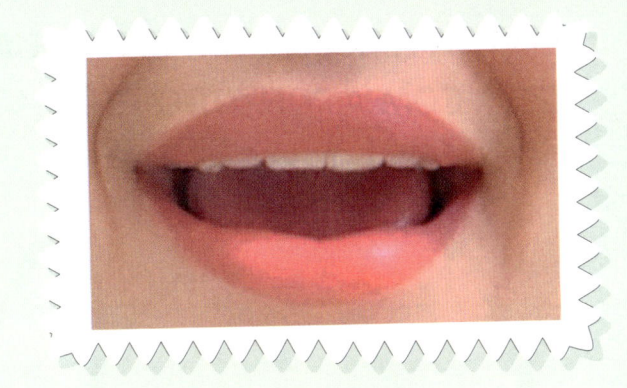

QUIABO

ESCREVA A LETRA **Q** EM CADA QUADRINHO, DE ACORDO COM O MODELO.

PINTE A LETRA Q COM TINTA GUACHE, SEGUINDO TODO O CONTORNO DELA COM A PONTA DO DEDO.

O QUATI É UM ANIMAL SILVESTRE QUE SE ALIMENTA DE PEQUENOS ANIMAIS E PLANTAS.

VAMOS TREINAR A LETRA **Q**.

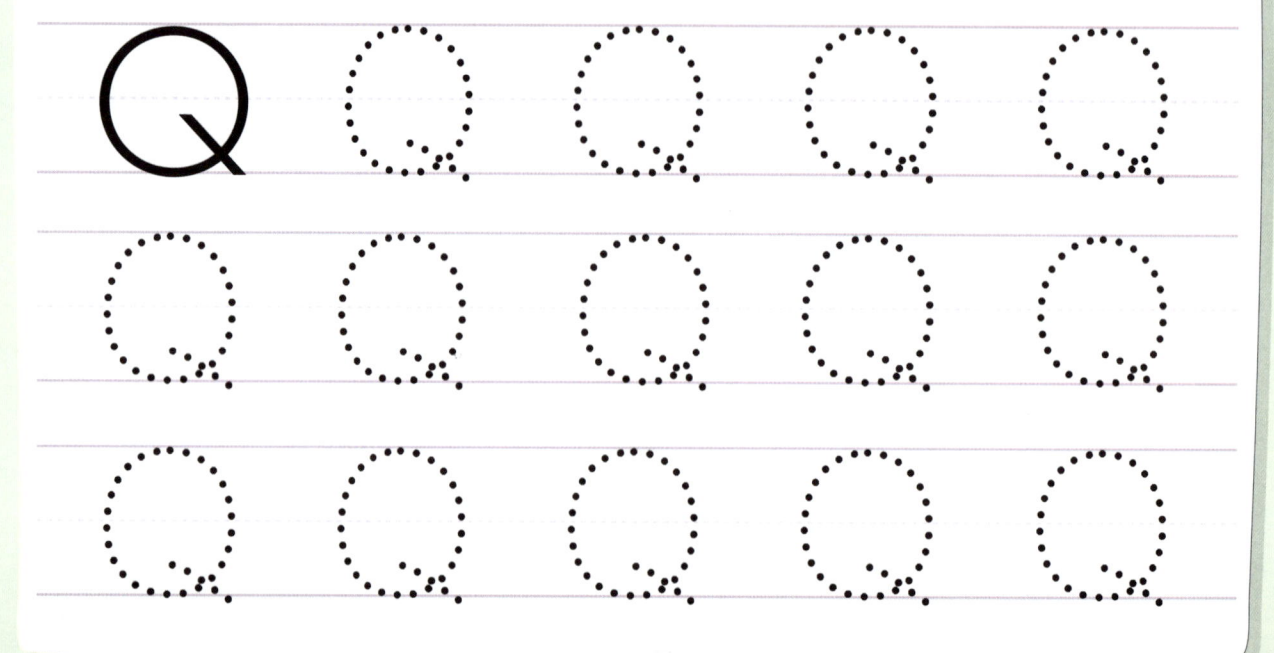

EU SOU A LETRA **Q**. PRECISO SEMPRE DA VOGAL **U** PARA ME AJUDAR A REPRESENTAR UM SOM IGUAL AO DA LETRA **K**. JUNTE-ME ÀS VOGAIS AO LADO E VEJA OS SONS QUE FORMAMOS JUNTOS.

UA ☐

UE ☐

UI ☐

UO ☐

COMPLETE AS PALAVRAS ABAIXO COM OS SONS:

 **QUA**  **QUE**  **QUI**

 4 __TRO

 __RTO

__IJO

 __TI

 __ABO

FAÇA COMO NO MODELO.

VAMOS PRONUNCIAR O SOM DA LETRA **R** E CONHECER AS QUATRO FORMAS QUE REPRESENTAM ESSE SOM.

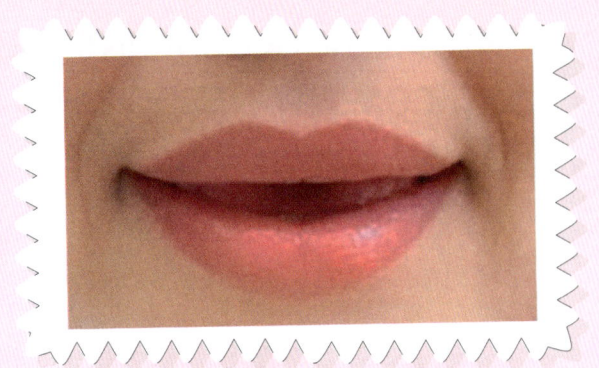

R R

r r

ROSA

ESCREVA A LETRA **R** EM CADA QUADRINHO, DE ACORDO COM O MODELO.

R r R r

PINTE A LETRA **R** COM TINTA GUACHE, SEGUINDO TODO O CONTORNO DELA COM A PONTA DO DEDO.

A RAPOSA É UM ANIMAL MAMÍFERO QUE TAMBÉM COME PEQUENOS ANIMAIS E ALGUMAS FRUTAS.

VAMOS TREINAR A LETRA **R**.

R R R R R

R R R R R

R R R R R

SOU A LETRA **R**. VAMOS JUNTAR O MEU SOM COM O SOM DE CADA VOGAL E PRONUNCIAR O RESULTADO?

A

E

I

O

U

COMPLETE AS PALAVRAS ABAIXO COM OS SONS:

RA **RÉ** **RI** **RO** **RU**

 ___TO

 ___A

 ___GUA

 ___O

 ___SA

RU
RO
RI
RÉ
RA

TO

GUA

O

LO

A

VAMOS PRONUNCIAR O SOM DA LETRA **S** E CONHECER AS QUATRO FORMAS QUE REPRESENTAM ESSE SOM.

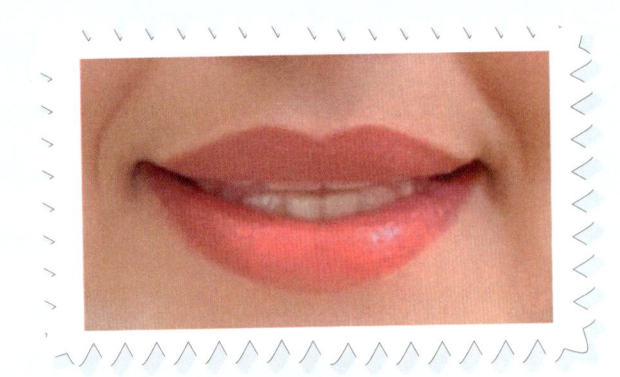

SORVETE

ESCREVA A LETRA **S** EM CADA QUADRINHO, DE ACORDO COM O MODELO.

83

PINTE A LETRA **S** COM TINTA GUACHE, SEGUINDO TODO O CONTORNO DELA COM A PONTA DO DEDO.

"SAPO-CURURU, NA BEIRA DO RIO. QUANDO O SAPO CANTA, Ô MANINHA, É PORQUE TEM FRIO."

(CANTIGA POPULAR)

VAMOS TREINAR A LETRA **S**.

S S S S S

S S S S S

S S S S S

SOU A LETRA **S**. VAMOS JUNTAR O MEU SOM COM O SOM DE CADA VOGAL E PRONUNCIAR O RESULTADO?

A

E

I

O

U

COMPLETE AS PALAVRAS ABAIXO COM OS SONS:

SA **SE** **SI** **SO** **SU**

 __LA    __FÁ

 __TA    __CO

 __NO    __PO

SU SO SI SE SA

RECORTE OS SONS AO LADO DA PÁGINA E COLE-OS NOS QUADROS ABAIXO, DE MODO QUE FORMEM PALAVRAS.

  **PO**

  **REIA**

  **RI**

  **PA**

  **CO**

VAMOS PRONUNCIAR O SOM DA LETRA **T** E CONHECER AS QUATRO FORMAS QUE REPRESENTAM ESSE SOM.

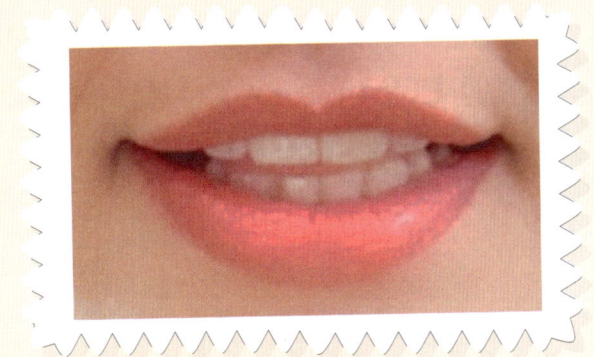

TARTARUGA

ESCREVA A LETRA **T** EM CADA QUADRINHO, DE ACORDO COM O MODELO.

PINTE A LETRA **T** COM TINTA GUACHE, SEGUINDO TODO O CONTORNO DELA COM A PONTA DO DEDO.

O TUCANO TEM UM BICO LONGO, ACHATADO E COLORIDO. ELE UTILIZA O BICO PARA COMER FRUTAS.

VAMOS TREINAR A LETRA **T**.

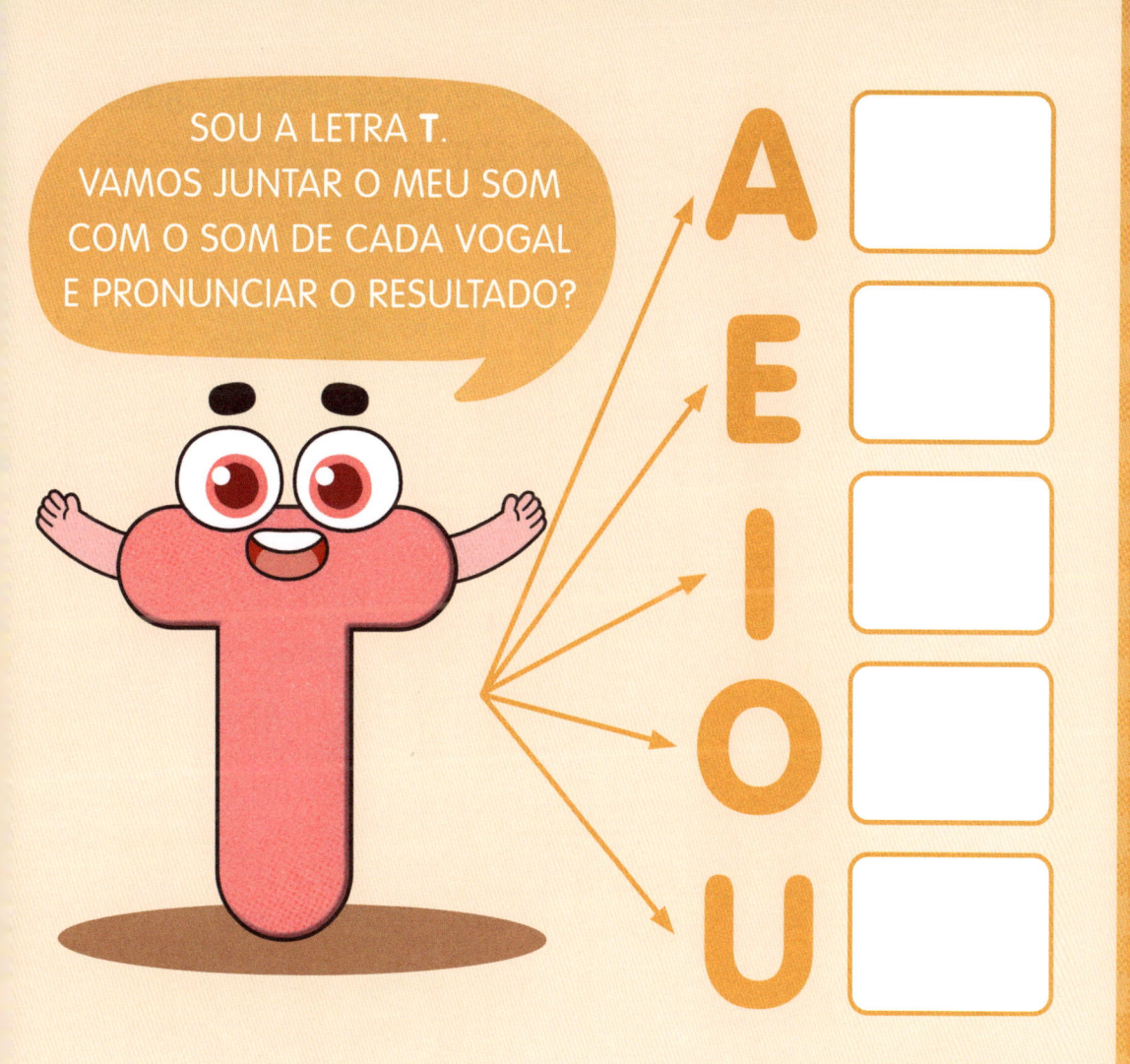

SOU A LETRA **T**. VAMOS JUNTAR O MEU SOM COM O SOM DE CADA VOGAL E PRONUNCIAR O RESULTADO?

A
E
I
O
U

COMPLETE AS PALAVRAS ABAIXO COM OS SONS:

TA **TE** **TI** **TO** **TU**

 ___BELA

 ___MADA

 ___LHA

 ___MATE

 ___GRE

 ___CANO

RECORTE OS SONS AO LADO DA PÁGINA E COLE-OS NOS QUADROS ABAIXO, DE MODO QUE FORMEM PALAVRAS.

 **MA**

TO

 **GRE**

 **UCA**

 **TA**

VAMOS PRONUNCIAR O SOM DA LETRA **V** E CONHECER AS QUATRO FORMAS QUE REPRESENTAM ESSE SOM.

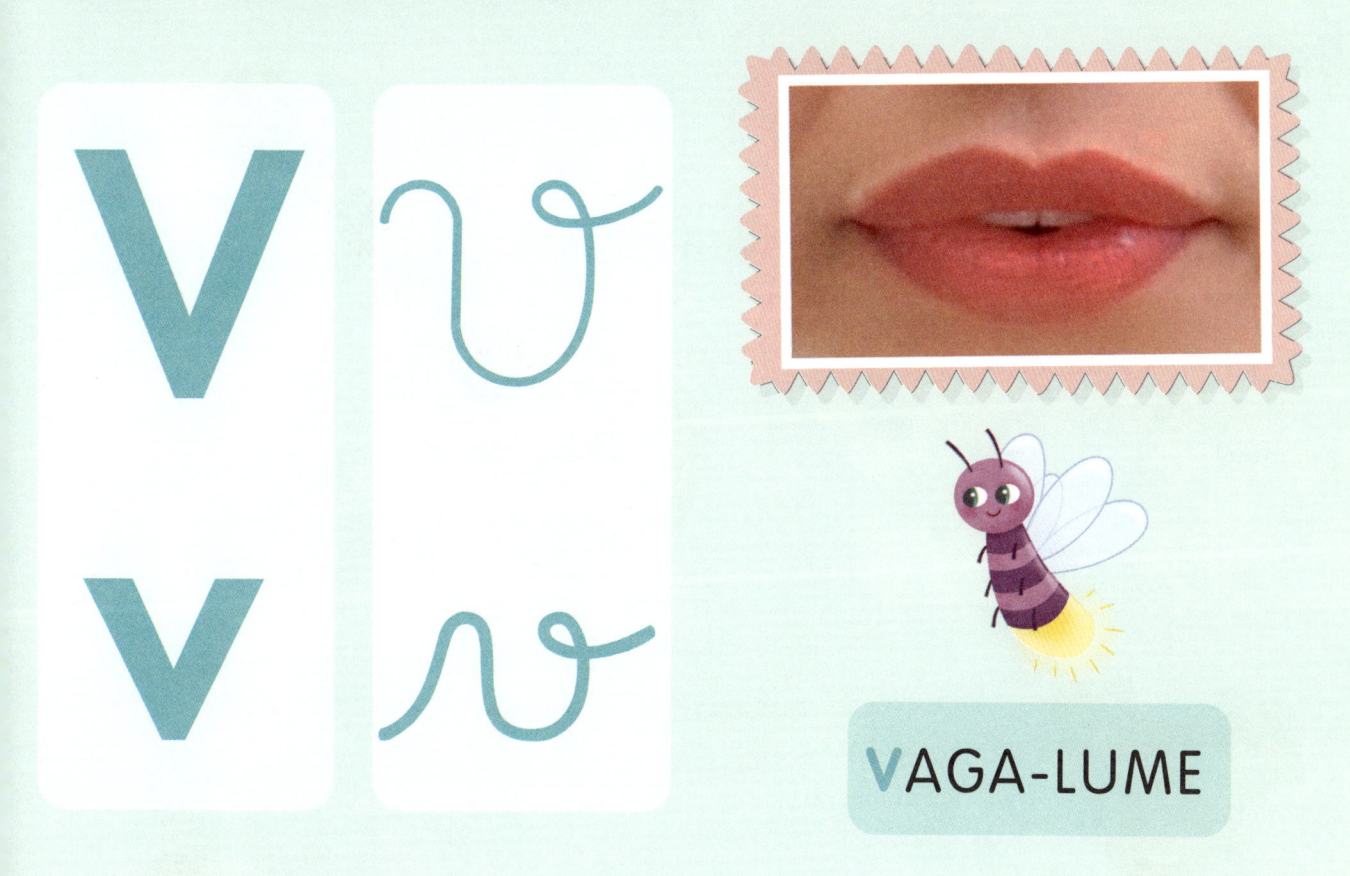

VAGA-LUME

ESCREVA A LETRA **V** EM CADA QUADRINHO, DE ACORDO COM O MODELO.

PINTE A LETRA **V** COM TINTA GUACHE, SEGUINDO TODO O CONTORNO DELA COM A PONTA DO DEDO.

O VIOLÃO É UM INSTRUMENTO DE CORDAS, COM UMA CAIXA GERALMENTE FEITA DE MADEIRA.

VAMOS TREINAR A LETRA **V**.

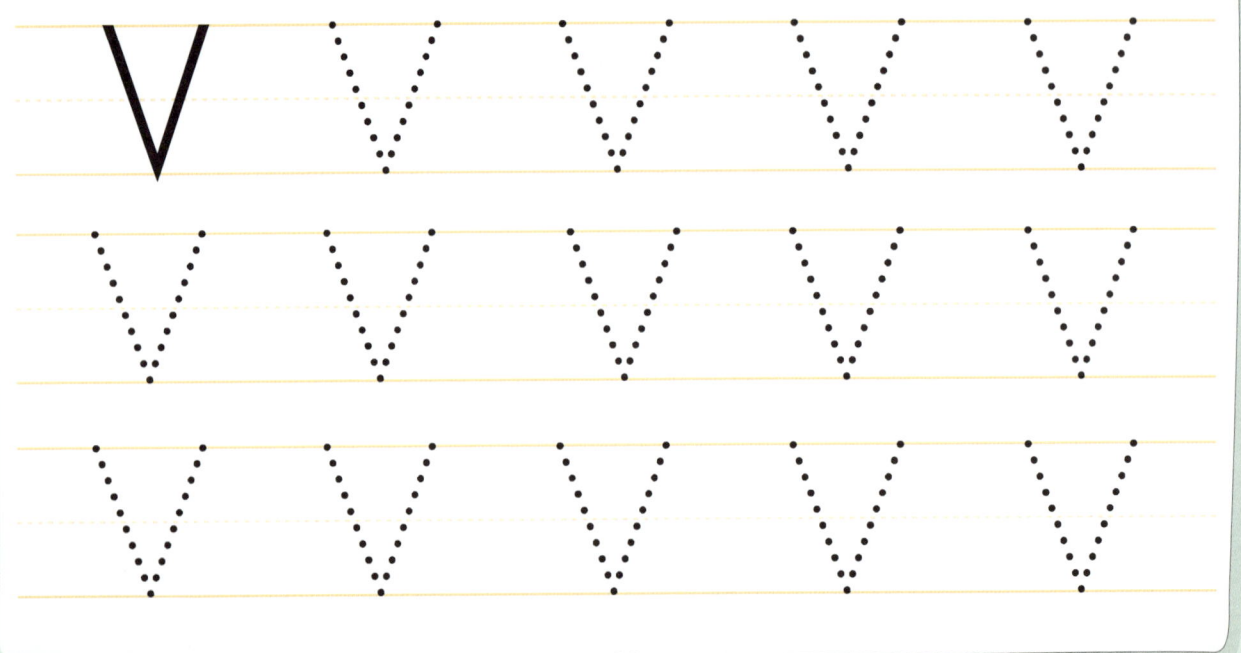

SOU A LETRA **V**. VAMOS JUNTAR O MEU SOM COM O SOM DE CADA VOGAL E PRONUNCIAR O RESULTADO?

A
E
I
O
U

COMPLETE AS PALAVRAS ABAIXO COM OS SONS:

VA **VE** **VI** **VO** **VU**

 __CA

 __VÔ

 __NENO

 __LCÃO

 __OLINO

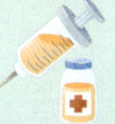 __CINA

RECORTE OS SONS AO LADO DA PÁGINA E COLE-OS NOS QUADROS ABAIXO, DE MODO QUE FORMEM PALAVRAS.

 CA

 ADO

 DRO

 LEI

 LCÃO

A LETRA **W**, MUITAS VEZES, REPRESENTA O MESMO SOM QUE A LETRA **U**. VAMOS PRONUNCIAR O SOM **U** E CONHECER AS QUATRO FORMAS COM QUE PODEMOS ESCREVER A LETRA **W**.

WAFER

ESCREVA A LETRA **W** EM CADA QUADRINHO, DE ACORDO COM O MODELO.

PINTE A LETRA **W** COM TINTA GUACHE, SEGUINDO TODO O CONTORNO DELA COM A PONTA DO DEDO.

WI-FI É UMA TECNOLOGIA DE CONECTIVIDADE SEM FIO. PODEMOS NAVEGAR NA INTERNET USANDO A TECNOLOGIA WI-FI.

VAMOS TREINAR A LETRA **W**.

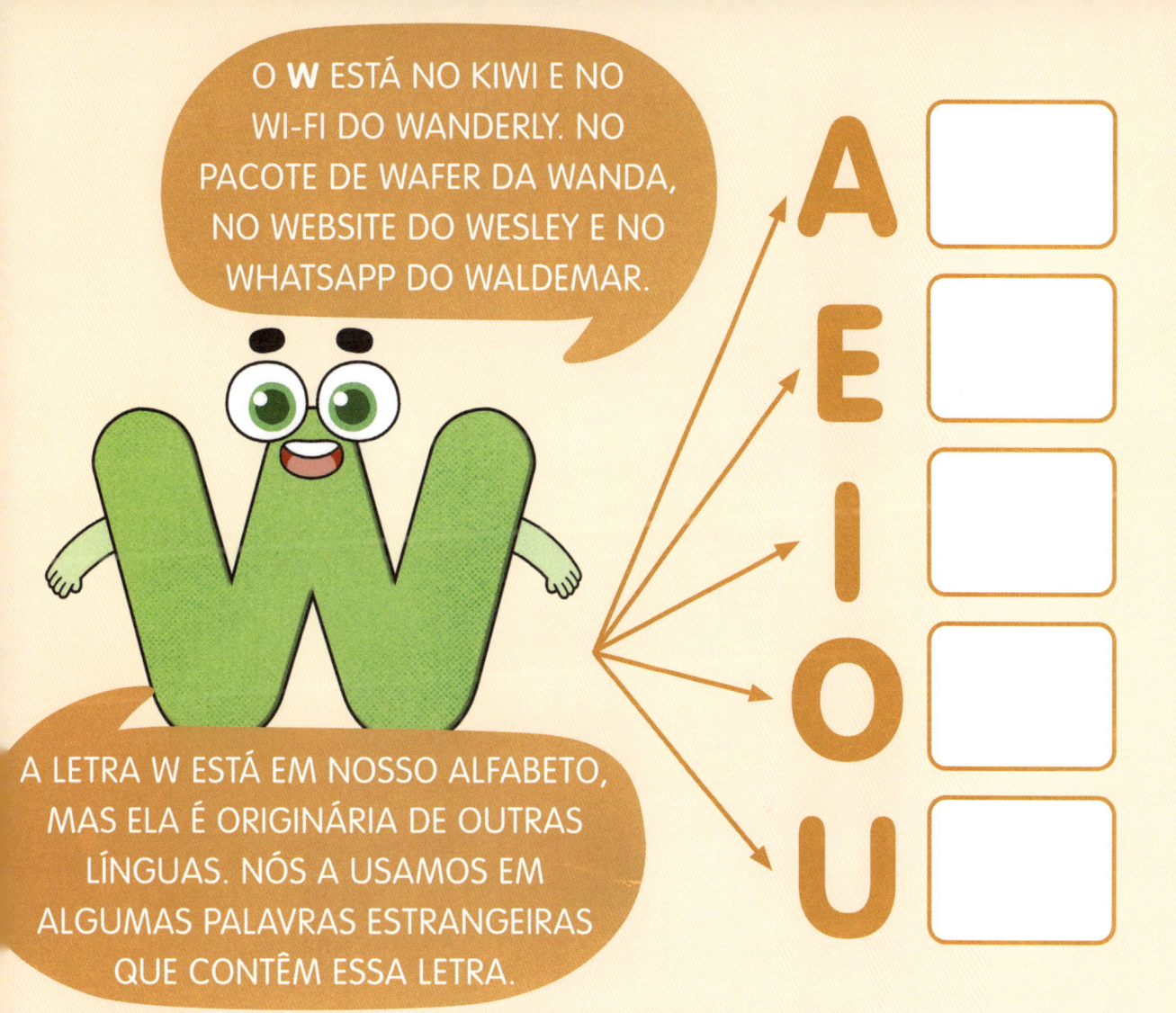

O **W** ESTÁ NO KIWI E NO WI-FI DO WANDERLY. NO PACOTE DE WAFER DA WANDA, NO WEBSITE DO WESLEY E NO WHATSAPP DO WALDEMAR.

A LETRA W ESTÁ EM NOSSO ALFABETO, MAS ELA É ORIGINÁRIA DE OUTRAS LÍNGUAS. NÓS A USAMOS EM ALGUMAS PALAVRAS ESTRANGEIRAS QUE CONTÊM ESSA LETRA.

A
E
I
O
U

COMPLETE AS PALAVRAS ABAIXO COM OS SONS:

 **WA**  **WE**  **WI**  **WO**

 ___FER

 ___RD

 ___BSITE

 ___BCAM

 ___-FI

 ___NDOWS

FAÇA COMO NO MODELO.

VAMOS PRONUNCIAR O SOM DA LETRA **X** E CONHECER AS QUATRO FORMAS QUE REPRESENTAM ESSE SOM.

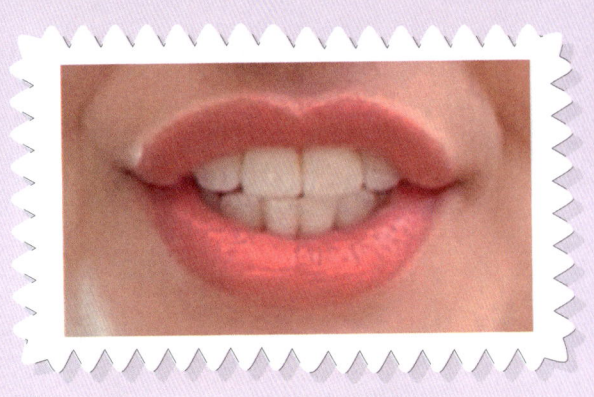

XADREZ

ESCREVA A LETRA **X** EM CADA QUADRINHO, DE ACORDO COM O MODELO.

PINTE A LETRA **X** COM TINTA GUACHE, SEGUINDO TODO O CONTORNO DELA COM A PONTA DO DEDO.

USAMOS O XAMPU PARA LAVAR OS CABELOS, DEIXÁ-LOS LIMPOS E BEM CHEIROSINHOS.

VAMOS TREINAR A LETRA **X**.

SOU A LETRA **X**.
VAMOS JUNTAR O MEU SOM
COM O SOM DE CADA VOGAL
E PRONUNCIAR O RESULTADO?

A
E
I
O
U

COMPLETE AS PALAVRAS ABAIXO COM OS SONS:

XA **XE** **XÍ** **XO**

 __DREZ    __TE

 __RIFE    __MPU

 __CARA

PASSE O DEDO NA LETRA X CONFORME INDICAM AS SETAS E DEPOIS PINTE-A DE AMARELO.

PINTE A PALAVRA CORRETA PARA CADA FIGURA.

	XÍCARA
	XIXI
	XAROPE

	XÍCARA
	XIXI
	XAROPE

	XAMPU
	XALE
	XIXI

	XIXI
	XAMPU
	XALE

	XADREZ
	XALE
	XERIFE

	XERIFE
	XADREZ
	XIXI

A LETRA **Y**, MUITAS VEZES, REPRESENTA O MESMO SOM QUE A LETRA **I**. VAMOS PRONUNCIAR O SOM **I** E CONHECER AS QUATRO FORMAS COM QUE PODEMOS ESCREVER A LETRA **Y**.

YAKISOBA

ESCREVA A LETRA **Y** EM CADA QUADRINHO, DE ACORDO COM O MODELO.

PINTE A LETRA **Y** COM TINTA GUACHE, SEGUINDO TODO O CONTORNO DELA COM A PONTA DO DEDO.

YANOMAMI

OS YANOMAMI SÃO UM GRUPO DE INDÍGENAS QUE HABITAM O EXTREMO NORTE DA FLORESTA AMAZÔNICA.

VAMOS TREINAR A LETRA **Y**.

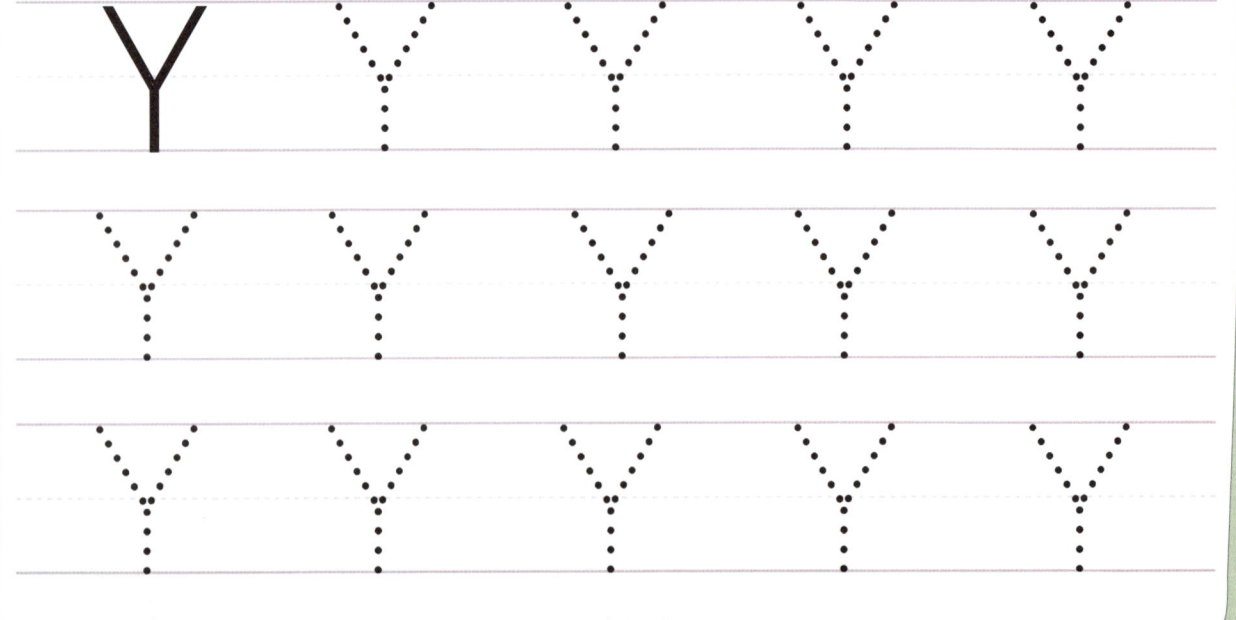

VAMOS PRONUNCIAR O SOM DA LETRA **Z** E CONHECER AS QUATRO FORMAS QUE REPRESENTAM ESSE SOM.

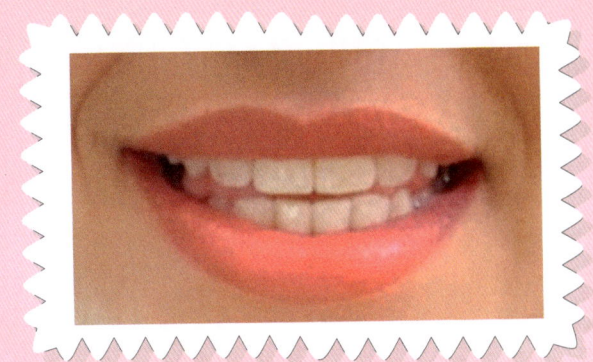

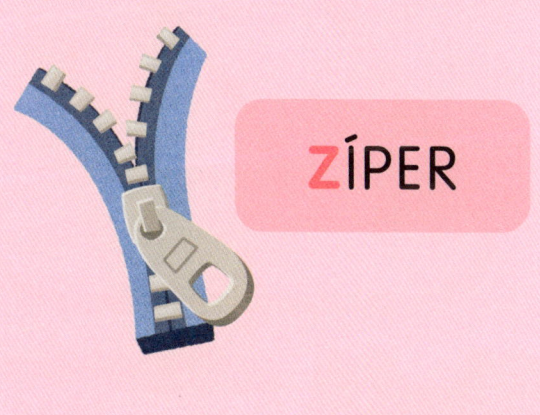

ZÍPER

ESCREVA A LETRA **Z** EM CADA QUADRINHO, DE ACORDO COM O MODELO.

Z   z   Ƶ   Ɀ

PINTE A LETRA **Z** COM TINTA GUACHE SEGUINDO TODO O CONTORNO DELA COM A PONTA DO DEDO.

AS ZEBRAS SÃO MAMÍFEROS HERBÍVOROS ENCONTRADOS NA ÁFRICA.

VAMOS TREINAR A LETRA **Z**.

PASSE O DEDO NA LETRA **Z** CONFORME INDICAM AS SETAS
E DEPOIS PINTE-A DE AMARELO.

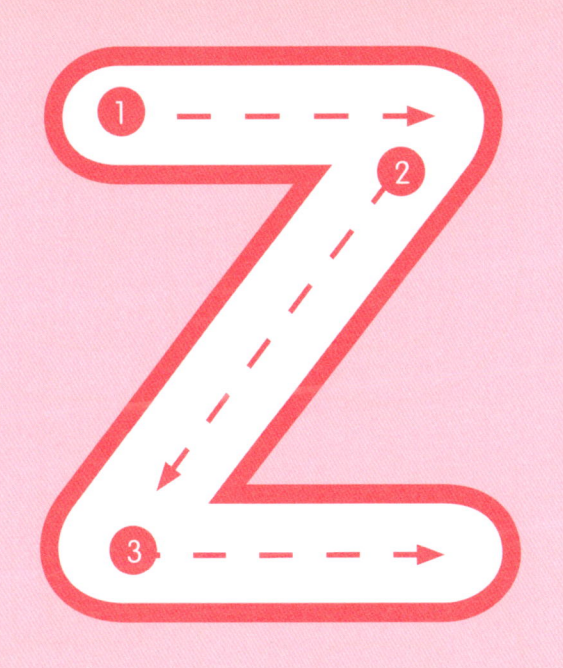

PINTE A PALAVRA CORRETA PARA CADA FIGURA.

ZÉ LELÉ

ZEBRA

ZERO

ZÍPER

ZEBRA

ZÉ LELÉ

ZEBRA

ZERO

ZÉ LELÉ

ZANGÃO

ZERO

ZEBRA

ZEBRA

ZABUMBA

ZANGÃO

ZÉ LELÉ

ZANGÃO

ZÍPER

ORIENTAÇÕES

Orientações para pais e professores: o papel fundamental do desenvolvimento psicomotor na alfabetização

A alfabetização é um marco crucial no desenvolvimento cognitivo e educacional de uma criança. No entanto, antes de mergulharmos nos aspectos específicos da leitura e da escrita, é essencial reconhecermos a importância do processo preparatório que precede essa etapa. Nesse sentido, aprimorar as habilidades psicomotoras é um componente fundamental para garantir o sucesso da alfabetização.

Desenvolvimento psicomotor: base para a alfabetização

O desenvolvimento psicomotor abrange a interação entre habilidades motoras e processos cognitivos. Engloba desde habilidades básicas, como controle postural e coordenação motora fina, até habilidades mais complexas, como a integração sensorial e a capacidade de planejamento motor.

Antes mesmo de iniciar formalmente o processo de alfabetização, é primordial que a criança passe por um estágio de desenvolvimento psicomotor adequado. Isso porque as habilidades psicomotoras desempenham papel fundamental na preparação do cérebro para a aquisição da leitura e da escrita.

Desenvolvimento neural: fundamento biológico da alfabetização

A neurociência nos ensina que o cérebro humano é incrivelmente plástico – em especial, nos primeiros anos de vida. Durante esse período crítico, as experiências sensoriais e motoras desempenham papel essencial na formação das conexões neurais.

As habilidades psicomotoras, como manusear objetos, controlar os movimentos finos das mãos e coordenar os movimentos oculares, não só fortalecem as conexões neurais como também preparam o cérebro para a alfabetização. Por exemplo, a coordenação motora fina necessária para segurar um lápis e desenhar contribui para o desenvolvimento da destreza para escrever letras.

Orientações práticas para estimular o desenvolvimento psicomotor

- **Atividades motoras:** incentive a criança a participar de atividades que estimulem o desenvolvimento motor, como brincadeiras ao ar livre, jogos de construção, recorte e colagem, entre outros.

- **Manipulação de materiais:** proporcione à criança oportunidades para manusear uma variedade de materiais, como massinha de modelar, blocos de construção e quebra-cabeças. Essas atividades fortalecem as habilidades motoras e promovem a criatividade e a resolução de problemas.

- **Exploração sensorial:** estimule a criança a explorar diferentes texturas, formas e cores por meio de atividades sensoriais. Isso não só enriquece suas experiências sensoriais como também contribui para o desenvolvimento da percepção visual e tátil.

- **Jogos de movimento:** integre jogos e brincadeiras que envolvam movimentos corporais, como pular, correr, pular corda e dançar. Essas atividades promovem o desenvolvimento físico e fortalecem as habilidades de coordenação e equilíbrio.

Conclusão

O desenvolvimento psicomotor é uma etapa fundamental no processo de alfabetização. Ao priorizarmos a promoção dessas habilidades, tanto em casa quanto na escola, preparamos o terreno para que as crianças alcancem sucesso na leitura e na escrita. Portanto, encorajamos pais e professores a integrar atividades que estimulem o desenvolvimento psicomotor como parte essencial do currículo educacional das crianças. Ao fazê-lo, investimos no futuro cognitivo e educacional delas, preparando-as para uma jornada de aprendizado rica e gratificante.

Ediana Richeli